교회건설매뉴얼
2

결혼 매뉴얼

교회건설매뉴얼 2

결혼 매뉴얼

초판 1쇄 발행 2023년 12월 30일
초판 2쇄 발행 2024년 1월 5일

지은이 | 안재경
펴낸이 | 안재경
펴낸곳 | 교회건설연구소

등   록 | 제 2023-000211호
주   소 | 서울특별시 서초구 서운로11길 7, 서초동교회 지하1층(서초동)
전   화 | 02-3474-6603
이메일 | andrewjk@hanmail.net

디자인 | 참디자인

ISBN 979-11-985485-0-4 〔13230〕

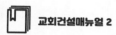
교회건설매뉴얼 2

결혼 매뉴얼

안재경 편집

교회건설연구소

• 이 매뉴얼은 남서울교회(최성은목사)의 후원으로 만들어졌습니다.

차례

머리말

　결혼하지 않으려는 시대가 되었습니다. 비혼주의자들이 늘어가고 있습니다. 공개적으로 비혼식을 하는 경우도 많아지고 있습니다. 최근에는 1인 가구 비율이 40%를 넘었다고 합니다. 이것도 최근의 조사인데 결혼 기간 10년 이내 이혼율이 35%에 이르렀다고 합니다. 기독교인이라고 해서 이혼율이 낮은 것도 아닙니다. 왜 이렇게 결혼하지 않으려고 하고, 이혼율이 높아가는 것일까요? 우리 사회가 이것을 부추기고 있습니다. 결혼해서 매이기 싫고, 특히 여성들의 경우에는 자녀를 낳으면 최악이라고 생각하기조차 합니다. 자기 삶이 없어진다고 생각하니 말입니다. 자녀를 낳아도 그 자녀가 우리 사회에서 노예(?)처럼 살아간다고 생각하면 임신 자체를 꺼릴 수밖에 없을 것입니다. 국가에서 어떤 인센티브를 준다고 해도 소용없습니다. 그럼에도 우리는 결혼을 말해야 합니다.

　하나님께서 최초로 만드신 제도가 바로 가정입니다. 하나님께서는 사람을 하나님의 형상대로 지으시고 한 남자와 한 여자를 결혼하게 하셔서 세상에 퍼져가게 하셨습니다.

교회가 결혼에 대해 어떻게 지도하고 가르쳐야 할지 잘 모릅니다. 청년 남녀가 결혼하겠다고, 주례를 부탁하러 목사에게 찾아오면 아무런 확인 없이 그냥 허락하는 경우가 많습니다. 목사의 주례 없이 결혼하는 경우도 비일비재합니다. 결혼에 대해 교회로부터 지도받거나 배운 적이 없기 때문입니다. '결혼 청원서'를 작성하여 당회에 제출해야 한다는 것도 알지 못합니다. 자녀를 결혼시키려는 부모도 마찬가지입니다. 자녀들이 불신 결혼하려고 해도 어쩔 수 없다고 생각할 뿐만 아니라 교회가 광고해주지 않는다고 볼멘소리를 할 뿐입니다. 사사 시대처럼 결혼에 대해 각기 제 소견에 옳은 대로 행하고 있습니다.

우리는 결혼이 교회의 일이라는 것을 알아야 합니다. 결혼은 결혼 당사자의 일이거나 그 가정의 일이기도 하지만 무엇보다 교회의 일입니다. 교회는 결혼에 대해 분명하게 알고 가르치고 지도해야 합니다. 그런데 어떻게 지도해야 하는지, 무엇을 가르쳐야 하는지를 모르는 경우가 태반입니다. 성경은 결혼에 대한 원론을 제시합니다. 그에 근거하여 결혼 준비, 결혼식, 결혼 후의 가정 세우기 등에 이르는 구체적인 매뉴얼이 필요합니다. 그래야 가정을 제대로 세울 수 있다. 결혼은 교회 건설의 방편이기도 합니다.

교회건설연구소가 오랫동안 준비하여 결혼 매뉴얼을 내놓습니다.

자료수집뿐만 아니라 수차례의 워크샵을 통해 이 매뉴얼을 완성하는 데 큰 도움을 준 성희찬(작은빛교회), 임경근(다우리교회), 안정진(서초동교회), 손재익(한길교회) 목사께 진심으로 감사드립니다. 그리고 출판을 위해 후원한 남서울교회(최성은목사)에게 진심으로 감사드립니다. 모쪼록 이 매뉴얼을 통해 결혼식이 너무나 복된 언약식이 되고, 언약의 가정을 든든히 세우고, 교회의 후세대를 기약할 수 있기를 바랍니다.

2023년 11월
편집인 안재경 목사(교회건설연구소장, 온생명교회 담임)

1장
교회는 결혼을
어떻게 지도할 것인가?

성경에 나타난 결혼의 원리와 질서가 무너지고 있다. 교회 안에서도 이런 경향을 볼 수 있다. 심지어 주님의 이름과 성경의 이름으로 동성 간의 결혼, 혼외 성관계, 결혼식 없는 동거를 정당화시키는 것은 물론이거니와 작은 결혼식이라는 취지로 목사가 주례하지 않거나 서약이 없는 결혼식이 늘어가고 있다. 이러한 때 성경적인 결혼에 관해 교회가 언제 어떻게 무엇으로 지도하는 것이 좋을까?

1. 누가 지도할 것인가?

성경에 나타난 결혼에 관한 바른 교리를 회중에게 가르치고 이를 지키게 할 책임은 일차적으로 당회에 있다. 당회가 예수 그리스도에게서 회중을 다스릴 영적 권한과 책무를 맡았다. 물론 부모, 신앙의 선배들이나 교인들이 옆에서 도와줄 수 있다. 그럼에도 일차적인 책임은 교인의 신앙과 생활을 돌아볼 직무를 맡은 당회다.

2. 무엇을 지도할 것인가?

1) 결혼에 관한 규정

공식적으로 가지고 있는 결혼에 관한 교리, 규정에서 시작해야 한다.

첫째, 웨스트민스터신앙고백서 24장 결혼과 이혼

둘째, 헌법 중 예배 (헌법적 규칙 제2장 예배지침 제6조 결혼식)

셋째, 예전예식서 (제5장 혼례)

넷째, 총회 결의사항 및 판례

2) 규정 요약

위 규정에서 말하는 핵심 내용은 다음과 같다.

(1) 결혼은 한 남자와 한 여자 사이에 이루어진다.

(2) 결혼의 제정 목적은 남편과 아내가 서로 도우며, 적법한 자녀를 통하여 인류를 번성케 하고, 거룩한 자손을 통하여 교회를 왕성하게 하고, 부정을 막기 위함이다.

(3) 그리스도인은 오직 주 안에서 결혼해야 한다. 불신자뿐 아니라 우상 숭배자, 나아가 삶이 현저하게 악하거나 이단을 추종하는

자들과는 결혼할 수 없다.

(4) 가까운 촌수의 친인척 간의 결혼은 금지해야 한다.

(5) 결혼식은 성례가 아니며 신자에게만 있는 것은 아니지만 주 안에서 이루어져야 하며, 하나님의 말씀에 근거해서 특별한 훈계와 지도와 권면, 축복, 서약과 공포 등이 필요하기에 목사가 예식을 주례하는 것이 타당하다.

(6) 교회는 결혼식 전에 3-4회 이상 교회 앞에 공지하여, 충분한 증인을 확보해야 한다.

(7) 결혼식은 정한 장소에서 어느 때라도 충분한 증인들 앞에서 거행하되 주일은 금한다.

(8) 교회는 결혼 명부를 작성하고 보관한다.

3. 어떻게 지도할 것인가?

결혼 교육은 청년을 대상으로 하는 경우가 많은데 더 이른 시기에 해야 한다. 결혼을 약속한 예비 신랑 신부에게 결혼에 관한 교리를 가르치는 것은 너무 늦다. 결혼에 관한 바른 교리를 먼저 잘 배워서 이를 토대로 이성 교제를 하고 나아가 배우자를 찾고 결혼을 약속하는 것이 바람직하다.

1) 모든 회중에게

성경과 신앙고백서에 나오는 결혼에 관한 바른 교리는 어릴 때부터 (초등학교) 교회에서 가르쳐야 한다. 무엇보다 모든 회중을 상대로 강단에서 선포되는 설교를 통해 결혼 교리를 가르쳐야 한다.

모든 회중 안에는 청년은 물론 장년, 청소년, 어린이도 포함된다. 결혼에 관한 바른 교리는 어릴 때부터 배워야 한다. 예를 들면 목사는 십계명을 가르치면서 결혼의 원리를 설교할 수 있다. 제7계명("간음하지 말라")을 설교하면서 결혼의 거룩을 가르칠 수 있고, 제1계명을 설교하면서 불신 결혼의 문제점을 가르칠 수 있다. 또 신앙고백서를 사용하여 가르칠 수 있다. 왜 결혼해야 하는지, 동성 결혼이 왜 잘못되었는지, 결혼에 관한 교리를 지키기 위해 제7계명을 왜 귀하게 여겨야 하는지, 불신 결혼을 하면 왜 안 되는지, 혼전 동거는 왜 안 되는지 등을 가르쳐야 한다.

2) 청소년에게

특히 청소년에게 가르쳐야 한다. 중고등학교 시절부터 이성에 눈을 뜬다. 이때가 지나면 너무 늦다. 이성 교제하는 경우도 많으며, 신체적 접촉 문제로 수렁에 빠지는 학생들도 있다. 그러므로 이때 성경적 가치관을 심어줘야 한다.

지도하는 당회는 사춘기의 특성을 고려하여, 이들의 고민을 경청하며 지도해야 한다.

3) 예비 부부에게

예비 부부에게는 결혼의 의의와 목적을 잘 가르쳐야 한다. 또한 결혼식 준비, 부부의 생활과 태도, 가정과 교회의 관계에 대해서도 자세히 가르쳐야 한다.

2장
성경이 가르치는 결혼은 무엇인가?

1. 세속화되는 결혼관

사람이 태어나서 자라 일정한 나이에 이르면 결혼하고 아이를 낳는 일은 당연하고 자연스러운 일이다. 이 자연스러운 일이 드문 일이 되고 있다. 자발적 독신주의자가 늘고, 출산을 기피하는 딩크(Dink)족이 늘고 있다. 세상의 풍토가 교회 안에까지 들어와 기독 청년들도 결혼과 출산을 기피하는 문화가 확산되고 있다.

이러한 시대에도 신자는 결혼하여 생육하고 번성해야 한다(창 1:27-28; 2:18-24). 이는 성경의 가르침이다.

과거에는 성경의 가르침과 세상의 가르침이 결혼에 대해서만큼은 상당 부분 교집합을 이루고 있었다. 그러나 지금은 세상의 가치가 달라지고 있다. 이러한 때, 더더욱 그리스도인은 결혼을 귀하게 여겨야 한다(히 13:4). 결혼을 성경의 가르침에 따라 바르게 해야 한다.

2. 결혼의 기원: 하나님이 제정하신 최초의 제도

결혼은 하나님께서 친히 제정하신 최초의 제도다(창 2:18-24; 마 19:6). 태초에 하나님은 천지를 창조하셨다. 그리고 사람을 남자와 여자로 창조하셨다(창 1:27). 이렇게 사람을 창조하신 하나님께서 이 사람들에 대하여 행하신 가장 첫 번째 일은 결혼이다(창 2:18-24). 하나님은 한 남자와 한 여자가 둘이 한 몸을 이루게 하셨다(창 2:24). 이를 통해 인류가 번성케 하셨다(창 1:28).

이렇게 하신 뒤에 오고 오는 모든 사람이 첫 부부와 같이 결혼하게 하셨다. 이 사실을 강조하기 위해서 창세기 2장 24절은 "부모를 떠나"라는 표현을 강조하고 있다. 부모가 없는 아담과 하와의 결혼을 말하면서 "부모를 떠나"라는 표현을 사용함으로써 오고 오는 모든 인류가 이 제도를 이어가야 함을 말해주고 있다.

그러므로 결혼을 귀하게 여겨야 한다(히 13:4). 하나님이 거룩하시듯, 하나님께서 제정하신 결혼도 거룩하다.

3. 결혼의 목적: 하나님 나라를 확장하는 방법

결혼은 하나님 나라와 교회를 확장하는 방법 중 하나다. 하나님은 첫 사람 아담과 여자에게 생육하고 번성하여 땅에 충만하라고 하셨다.

여기에서 말하는 생육과 번성은 거룩한 교회의 확장을 위한 것이다.

결혼을 통해 세워지는 가정은 보이는 교회의 기초적인 단위다.[1] 그렇기에 가정이 바로 서야 교회가 바로 설 수 있다.

결혼이 하나님 나라와 교회의 확장을 위한 방법이라는 점은 웨스트민스터 신앙고백서 제24장 2절에도 나와 있다.

> **웨스트민스터 신앙고백서 24장 결혼과 이혼에 관하여**
>
> 2. 결혼은 남편과 아내가 서로 돕기 위해서(창 2:18), 합법적인 방식을 통한 인류의 번성과 거룩한 자손들을 통한 교회의 확장을 위해서(말 2:15), 부정(不貞)을 막기 위해서 제정되었다(고전 7:2, 9).

이러한 이유로 그리스도인 청년 남녀는 적절한 연령이 되었을 때 결혼하는 것이 성경적이다. 하나님께서 특별하게 부르셔서 독신의 은사를 주신 이들이라면 예외이겠으나, 이유 없이 결혼을 지체하거나 아예 결혼하지 않고 살려고 작정하는 비혼주의는 하나님의 뜻과 복을 거절하는 것이다(참조. 웨스트민스터 대요리문답 제138-139문답). 그리스도인은 하나님의 말씀보다 세상의 풍토를 따르는 일이 없어야 한다.

---

1   김홍전, 『혼인, 가정과 교회』, 95.

4. 결혼의 대상: 그리스도인은 누구와 결혼할 것인가

그리스도인은 아무나 하고 결혼할 수 없다. 결혼은 하나님께서 짝지어주시는 일로서(마 19:6; 막 10:9), 하나님께서 성경에서 가르치신 몇 가지 조건에 부합하는 자를 배우자로 맞아야 한다.

1) 한 남자와 한 여자가 둘이 한 몸을 이룸 – 동성결혼, 복혼 금지

그리스도인의 결혼은 반드시 한 남자와 한 여자 사이에 이루어져야 한다. 창세기 2:24은 "이러므로 남자가 부모를 떠나 그의 아내와 합하여 둘이 한 몸을 이룰지로다."라고 말한다. 여기에서 "둘이 한 몸"이라는 표현을 볼 때 두 사람이 하는 것인데, "남자가 … 그의 아내와 합하여"라고 했으니, 한 남자와 한 여자가 하는 것이 결혼이다.

그렇기에 한 남자와 한 여자가 결혼하지 않고, 한 남자가 두 여자와 결혼한다든지 한 여자가 두 남자와 결혼하는 복혼은 하나님의 말씀을 벗어난 결혼이며, 한 남자가 다른 한 남자와 결혼한다든지 한 여자가 다른 한 여자와 결혼하는 동성결혼은 하나님의 말씀을 벗어난 결혼이다. 그리스도인은 결코 그런 비정상적인 결혼을 해서도 안 되고, 동의하거나 부러워하거나 좋게 보아서도 안 된다.

이와 관련해 웨스트민스터 신앙고백서 제24장 1절은 다음과 같이 고백한다.

성경과 신앙고백의 가르침에 따라 교회법(고신)에는 "결혼은 1남 1녀
로 하고 성경에서 금한 친족 범위 안에서는 하지 말아야 한다."라고 되
어 있다.

특히 오늘날 동성연애와 동성결혼을 허용하자는 분위기인데, 이는
성경이 금하는 것으로 그리스도인이 결코 따를 수 없다.

2) 그리스도인은 믿지 않는 사람과 결혼할 수 없다

그리스도인은 반드시 신자와 결혼해야 한다.[2] 고린도후서 6:14은
"너희는 믿지 않는 자와 멍에를 함께 메지 말라…"고 말한다. 이 외에
도 불신자와의 결혼을 금하는 성경 말씀으로 창세기 6:1-2; 34:14; 출
애굽기 34:14-16; 신명기 7:1-3; 22:10; 사사기 3:6; 열왕기상 11:1-
2; 에스라 9:12-14; 느헤미야 13:23-27; 말라기 2:11-12 등이 있다.

앞서 결혼은 하나님 나라와 교회의 확장을 위한 방법이라고 했다.

---

[2] John Aspinwall Hodge, *What is Presbyterian Law as Defined by The Church Courts?* (Philadelphia:
   Presbyterian Board of Publications, 18865), 배광식, 정준모, 정홍주 옮김, 『교회정치문답조례』
   (서울: 대한예수교장로회총회, 2011), 제180문답.

그러니 믿지 않는 사람과 결혼하는 것은 성경의 가르침을 벗어난다. 믿지 않는 사람과 멍에를 멜 수 없고, 하나님 나라와 교회를 확장시킬 수 없다.

이와 관련하여 웨스트민스터 신앙고백서 제24장 3절이 아주 잘 설명하고 있는데, 다음과 같다.

3. 판단력을 가지고 자기의 동의를 표할 수 있는 모든 사람이 결혼하는 것은 합법적이다(히 13:4; 딤전 4:3; 고전 7:36-38; 창 24:57, 58). 그러나 오직 주 안에서 결혼하는 것이 신자의 의무이다(고전 7:39). 그러므로 참된 개혁 신앙을 고백하는 사람은 불신자, 로마 가톨릭 신자, 그 외의 우상 숭배자와 결혼해서는 안 된다. 또한 경건한 자는 그 생활에 있어서 심각하게 악한 사람이나 저주받을 만한 이단 사상을 주장하는 사람과도 결혼하여 멍에를 같이 해서는 안 된다(창 34:14; 출 34:16; 신 7:3, 4; 왕상 11:4; 느 13:25-27; 말 2:11, 12; 고후 6:14).

성경과 신앙고백의 가르침에 근거하여 교회법(고신)에는 "성도들은 마땅히 주 안에서 결혼할 것이며"라고 되어 있다. 그리스도인은 오직 그리스도인과만 결혼해야 하며, 이를 어기는 것은 하나님의 말씀을 어기는 것이다.

혹자는 결혼해서 전도하면 되지 않느냐 라고 반론한다. 대개 불신자와 교제 중이거나 불신자와 결혼한 사람이 주장한다. 하지만, 결혼은 전도의 수단이 아니다. 하나님은 성경 어디에서도 결혼을 통해 전도하라고 말씀한 적이 없다.

5. 결혼식의 의미: 하나님과 사람 앞에서 두 남녀가 맺는 언약

결혼은 결혼식을 통해 시작된다. 결혼식은 말씀(권면), 찬송, 기도 순서만 아니라 서약과 공포라는 순서가 포함된다. 서약을 통해 결혼 당사자는 하나님과 많은 증인 앞에서 언약을 맺는다.

결혼식은 성례는 아니다.[3] 로마가톨릭은 혼인성사(婚姻聖事, matrimony)라 하여 결혼을 성례로 보았다. 그래서 '미사'로 진행한다. 그러나 종교개혁자들은 결혼은 성례가 아니라고 보았다. 그렇다고 세상 사람들의 주장처럼 두 사람의 계약만도 아니다. 하나님과 언약을 맺은 남자, 하나님과 언약을 맺은 여자가 하나님과 사람 앞에서 맺는 언약이다. 결혼식은 교회와 그리스도인에게 있어서 매우 중요한 '예식'이다. 성경낭독, 말씀선포(권면)와 기도, 찬송, 서약과 공포 등의 예배에서 사용되는 형식적 요소들이 사용된 '예식'으로 진행되어야 한다.[4] 교회법(고신)에는 "결혼예식은 성례가 아니요, 그리스도의 교회에만 있는 것도 아니나, 하나님이 세우신 신성한 예법이다."라고 되어 있다.

그리스도인은 반드시 결혼식이라는 거룩한 예법을 통해 결혼 관계

---

3 Hodge, 『교회정치문답조례』, 제178문답.
4 결혼식은 예배가 아니라 예식이다. 그러므로 결혼식에서 성찬을 행할 수 없다. 고신총회, 『헌법해설: 예배지침/교회정치/권징조례』, 제95문답.

에 들어가야 한다. 국가에 결혼 신고하는 순간 부부관계가 되는 것이 아니라, 목사가 성혼선포하는 순간 부부관계가 된다.

결혼식의 집례자인 목사는 단순히 예식의 사회자가 아니라 결혼 당사자들에게 하나님의 말씀으로 권면하고, 그들의 결혼식과 결혼생활에 하나님의 복이 임하기를 기도하고, 두 사람의 결혼이 하나님 앞에서 이루어졌음을 선포한다. 목사가 세례 후 공포하듯, 결혼식 후 공포를 해야 한다. 그렇기에 결혼식은 말씀 봉사자이면서 교회를 다스리는 (치리하는) 목사가 주례하는 것이 옳다.

교회법(고신)에는 "혼례에 특별한 훈계와 적당한 기도로 행하기 위하여 목사나 교역자로 주례하게 함이 옳다."라고 되어 있다.

그리스도인의 결혼은 결코 비밀리에 이루어질 수 없고,[5] 당사자와 부모, 일가친척뿐만 아니라 소속된 교회의 회중이 증인으로 참여하는 것이 바람직하다. 그러므로 당회는 결혼식을 앞두고 전체 회중에게 광고하여 참여토록 하며, 교회의 회중은 두 사람의 결혼의 증인이 되어야 한다. 결혼은 '교회의 일'이므로 교인 전체의 관심과 참여가 요구된다.

웨스트민스터 예배모범은 "공예배를 위한 권위에 의해 지정된 장소에서 엄숙하게 공적으로 결혼을 거행하되, 합법적인 숫자의 믿을만한

---

5 Hodge, 『교회정치문답조례』, 제184문답; 고신총회, 『헌법해설: 예배지침/교회정치/권징조례』, 제91문답.

증인들 앞에서, 공적 애도의 날을 제외하고는 일 년 중 어느 때라도, 하루 중 적합한 시간에 거행하도록 한다. 그리고 주일에는 결혼식을 하지 않도록 권한다."라고 가르친다.

이에 근거하여 교회법(고신)에는 "결혼은 충분한 증인들 앞에서 행할 것이며"라고 되어 있다.

6. 결혼과 성: 결혼 전 성관계와 동거는 불법

결혼은 하나님께서 친히 두 남녀를 짝지어주심으로 맺어진다. 그러므로 사람이 임의로 결혼과 무관하게 부부가 되어서는 안 되며, 성적인 결합을 해서도 안 된다.

성(性)은 하나님께서 주신 선물이다. 그러나 부부라는 관계에서만 가능하다. 하나님은 제7계명을 통해 "간음하지 말라"고 하셨다. 간음(姦淫)이란 부부관계를 벗어난 성관계를 말한다. 그러므로 이미 결혼한 사람이 배우자가 아닌 다른 사람과 성관계를 하는 것도 간음이지만, 아직 결혼하지 않은 사람이 성관계를 하는 것도 간음이다. 성관계는 오직 결혼으로 부부의 언약을 맺은 자만이 두 사람 간에 이루어져야 한다. 결혼 언약을 통해 부부의 언약을 맺지 않은 관계에서는 성관계를 할 수 없다. 이는 간음죄다.

그러므로 미혼자는 하나님께서 제정하신 결혼제도를 넘어선 혼전 성관계와 혼전 동거는 결코 해서는 안 된다. 이는 하나님과 사람 앞에서 죄다.

사별 등으로 홀로된 노인에게도 마찬가지다. 고령사회가 됨에 따라 '황혼결혼'이라는 신조어가 있다. 배우자와 사별한 이후 늦은 나이에 재혼하는 경우다. 그런데 이때, 결혼식은 물론 결혼 신고도 하지 않고 동거하는 경우가 있다. 이는 성도가 결코 해서는 안 되는 일임에도 불구하고 교회 안에 이런 일들이 간혹 발생한다. 재산 문제, 자녀 문제 등 복잡한 사안 때문이기도 하다. 그러나 이는 간음죄를 범하는 것이다.

총회(고신)는 황혼결혼이라도 결혼식과 결혼신고는 필수임을 확인했다. 무엇보다 황혼결혼 시 발생하는 재산 문제, 자녀 문제 등등의 문제로 인해 결혼 신고를 하지 않는 것은 자신들의 이익만을 생각하는 불법, 편법적인 행위임을 분명히 밝혔다.

3장
그리스도인은 결혼을
어떻게 준비해야 하는가?

1. 연애

청년 시기에는 하나님께서 친히 제정하신 결혼을 사모하며, 결혼하기 위해 노력해야 한다. 결혼 적령기에 이르렀음에도 불구하고 결혼대상자를 얻기 위해 최소한의 노력을 하지 않고, 결혼대상자가 있음에도 불구하고 이유 없이 결혼을 지체하거나, 아예 결혼하지 않고 자발적 비혼주의를 결심하는 것은 하나님의 뜻과 복을 거절하는 것이다(참조. 웨스트민스터 대요리문답 제138–139문답).

시대 변화에 따라 친구나 주변 지인들이 결혼을 기피한다고 해서 세상의 가치관을 그대로 따라서는 안 된다. 그리스도인은 세상의 가치나 사람의 말보다 하나님의 말씀에 귀기울여야 한다.

기독 청년은 어려서부터 결혼에 대한 분명한 가치관을 정립해야 한다. 청년 때에는 목회자의 가르침과 지도, 교회 어른들의 지도, 신앙 서적, 또래들과의 대화를 통해 그리스도인의 결혼에 대해 자주 공부하고 이야기해야 한다.

결혼 적령기에는 신중하게 이성을 만나야 한다. 교제하는 대상이 얼마든지 결혼 대상자가 될 수 있음을 생각해야 한다. 믿지 않는 사람과 결혼할 수 없음을 기억하고, 신중하게 교제를 시작해야 한다.

교제하는 중에는 하나님과 사람 앞에서 순결을 유지해야 한다(제7계명; 웨스트민스터 대요리문답 제138-139문답). 아무리 결혼을 약속하였다 해도, 결혼식을 올리기 전까지는 순결 유지에 힘써야 한다.

교제하는 중에 서로에 대해 깊이 알아가는 과정을 가지는 것이 좋으며, 서로의 건강 문제에 대해서도 속이는 일 없이 밝히는 것이 좋다.

[연애는 필수인가?]

요즈음은 결혼 상대자를 얻는 과정으로서 연애가 보편적이다. 그러나 연애는 근현대 사회에서 나타난 것으로 한국에서도 불과 수십 년 전만 하더라도 연애 없는 결혼은 흔했다.

성경에도 연애를 필수적으로 말하지 않는다. 최초로 결혼한 아담과 여자는 연애하지 않았다. 아담과 여자는 태어나자마자 만나자마자 결혼했다. 이삭과 리브가도 연애하지 않았다(창 24장).

그렇다 하여 연애를 하지 말라는 것은 아니다. 다만, 연애를 필수라고 생각하는 것은 성경에 기반한 것은 아닌 사람들의 일반적인 생각이라는 점이다.

2. 결혼 결심과 부모 동의

두 남녀가 결혼을 결심했다면, 양가 부모의 동의를 받는다. 이때 부모는 특별한 문제가 없는 한 자녀의 결혼을 동의해야 한다. 웨스트민스터 예배모범은 "부모들은 자기 자녀들의 자유로운 결정을 무시한 채 결혼을 강요해서는 안 되며, 정당한 이유 없이 그들의 동의를 거부해서도 안 된다."라고 한다.[6] 교회법(고신)에는 "결혼은 남녀가 각각 상당한 연령에 도달하여야 하며, 부모 혹은 후견자의 동의를 얻는 것을 원칙으로 한다."라고 되어 있다.

3. 결혼 청원서 제출과 당회의 승인

결혼은 교회의 일이므로, 부모의 동의를 얻었다면 교회의 허락을 받아야 한다. 이를 위해 결혼 청원서를 제출한다. 결혼 청원서에는 가족관계증명서, 부모 동의서,[7] 건강검진서 등이 첨부되어야 한다. 이때 결혼을 합당하게 준비하려면 충분한 시간적 여유가 필요하다는 사실을 고려하여 예상하는 결혼식 날짜의 수개월(최소한 2개월) 전에 미리 제출한다.

청원서를 접수한 당회는 두 사람을 면담하여 신급, 결혼상태(이혼 경력 등), 부모 동의, 건강검진서 등을 살핀 뒤에 특별히 반대할 이유가 없

---

6 부모의 동의에 관한 내용은 종교개혁자들이 아주 중요하게 여긴 부분이다. 그래서 16세기에 부모의 결혼 승인은 법률학자들 사이에서 무엇보다도 중요했던 토론 주제였다.
7 고신총회,『헌법해설: 예배지침/교회정치/권징조례』(서울: 총회출판국, 2014), 제91문답.

3장 그리스도인은 결혼을 어떻게 준비해야 하는가?

다면 결혼을 허락한다. 이후에는 당회의 지도 아래에 결혼 날짜를 정하고 예식장을 구한다.

4. 결혼식 준비 – 예식장, 교육, 예식 순서 확정

결혼식을 위해 예식장을 예약한다. 이때 교회의 허락이 있기 전에 미리 모든 일을 결정해서는 안 된다. 교회가 결혼을 허락한 이후에 일을 진행한다.

결혼식이 치러질 장소는 경건하게 진행될 장소를 우선적으로 고려한다. 결혼식은 사진 촬영이나 식사, 하객 맞이보다 하나님 앞에서 단정하게 드려지기에 적절한 장소를 선정해서 해야 한다. 가급적이면 교회당에서 하는 것이 여유로운 시간 확보 등을 위해 좋다. 부득이한 경우 예식장을 정한다.

결혼을 당회가 허락한 이후 결혼식이 있기까지 결혼 교육을 진행한다. 이때 예식 순서 및 담당자 등을 목회자의 지도하에 상의하여야 한다. 목회자는 예식 순서 중 경건하게 진행되어야 할 순서와 축하순서를 구분하여 진행되도록 권면하고, 예식 소요시간 등을 고려하여 적절하게 순서를 배분해야 한다.

목사는 두 사람으로 하여금 미리 서약문을 읽을 수 있도록 하고 당일 하나님과 많은 증인 앞에서 서약케 한다.

5. 결혼식 광고

결혼식 날짜와 장소가 정해지면, 당회는 최소 4주 전에 교회 앞에 널리 광고하여 증인으로서 참석할 것을 독려한다. 당사자는 당회가 공적인 광고를 한 이후에 청첩장을 보낸다.

회중들은 결혼이 교회의 일이라는 점과 결혼 언약을 위해서는 증인이 요구된다는 점을 고려하여 두 사람의 결혼이 잘 준비되도록 기도하고 도와주며, 증인으로 결혼식에 참석하여야 한다.

웨스트민스터 예배모범은 다음과 같이 설명하고 있다.

"결혼식을 거행하기 전에, 목사는 3주 정도 결혼의 의사를 온 회중들이 있는 곳이나 그들이 가장 자주 주로 머무는 장소에서 각각 공포해야 한다. 이렇게 함으로써 결혼식을 집례할 목사는 결혼식이 거행되기까지 충분한 증거를 확보하는 것이다." 이에 근거하여 교회법(고신)에는 "주례자는 이 일에 깊이 유의하여 하나님의 법을 범하거나 국가 법률에 저촉됨이 없도록 하며, 가정의 화평과 안위를 손상시키지 않기 위하여 이 결혼에 반대되는 것이 없다는 쌍방의 증명을 확보하여야 한다."라고 되어 있다. 또한 "결혼은 공적 성질을 가진 것이며, 국민과 사회의 복리와 가족상의 행복과 종교상의 명예에 깊은 관계가 있으므로 결혼예식을 거행할 일을 여러 날 전에 작정하고 널리 예고해야 한다."라고 되어 있다.

3장 그리스도인은 결혼을 어떻게 준비해야 하는가?

6. 결혼식

당회는 결혼식이 하나님의 말씀과 교회의 규례에 따라 적절히 진행될 수 있도록 결혼식을 주관해야 한다.

7. 결혼 이후 행정절차

1) 당회는 '결혼 명부'에 성혼한 자의 성명과 날짜를 작성한다.
2) 당사자들은 국가(시청 혹은 구청)에 결혼 신고를 한다.

8. 전체 과정 요약

위 과정은 다음과 같이 요약할 수 있다.

1) 결혼을 전제로 한 이성 교제를 할 때는 교회의 지도를 받아 교제한다.
2) 일정 기간 교제를 거쳐 결혼하고자 하는 마음이 있을 때, 예식장 예약 형편 등을 고려하여 수개월(최소한 2개월) 전에 결혼 청원서를 당회에 제출한다.
3) 당회는 청원서를 살펴서 허락한다.
4) 당회의 허락을 받은 대상자는 당회의 지도 아래 결혼에 대해 공부한다.
5) 당회의 허락을 받은 대상자는 부모 상견례, 예식장 예약, 결혼 준비 등을 진행한다.

6) 결혼식 날짜와 장소가 정해지면, 최소 4주 전에 교회 앞에 널리 광고하여 증인으로서 참석할 것을 독려한다.

7) 당회는 결혼의 모든 과정이 은혜롭게 진행되도록 도우며, 무엇보다 결혼이 개인의 일이 아닌 교회의 일이라는 사실을 전체 교인들에게 환기시켜서, 교인 전체가 관심과 참여할 수 있도록 독려한다.

8) 결혼식은 예식문을 형편에 따라 적절히 활용하여 진행한다.

9) 당회는 결혼 후에 '결혼 명부'에 성혼한 자의 성명과 날짜를 작성한다.

10) 결혼하여 부부가 된 이들은 빠른 시일 내에 국가(시청 혹은 구청)에 결혼 신고를 한다.

3장 그리스도인은 결혼을 어떻게 준비해야 하는가?

4장
결혼식,
어떻게 준비할 것인가?

한 남자와 한 여자 두 사람이 합의하여 결혼하기로 하였다면, 이제 결혼식을 준비해야 한다. 이때 무엇을 어떻게 준비해야 할까?

1. 당사자가 결혼을 계획하고 준비한다.

1) 남녀가 주 안에서 교제하다가 하나님께 기도함으로 결혼에 대한 하나님의 뜻을 확인한다.

2) 주 안에서 만나 결혼하기로 약속한 후에는 다음과 같은 절차를 따라 결혼식을 준비한다.

2. 결혼식은 부모의 허락을 받아 준비한다.

1) 양가 부모에게 인사하고 결혼을 허락받는다.

2) 상견례를 통해 양가의 가족이 함께 만나 인사하고 교제한다.

3) 상견례에서 혹은 그 전후에 결혼식 관련 중요한 것들을 결정한다.

3. 결혼식은 하나님 앞에서 하는 것이기에 교회의 허락을 받아 준비한다.

1) 당회에 알리고 결혼을 위한 안내를 받는다.

2) 교회가 정한 결혼 준비 과정을 따른다.

4. 결혼식을 계획하고 진행한다.

1) 예산과 규모

⑴ 결혼식 예산과 규모는 가정의 형편을 고려하여 결정한다.

⑵ 허례허식을 피한다.

2) 날짜

⑴ 결혼식 날짜는 충분한 시간을 두고 결정한다.

⑵ 결혼식 날짜는 주일은 피한다.

⑶ 결혼식 날짜는 당사자와 가족이 결정하되, 주중 어느 날이나 어느 시간이라도 상관없다. 다만 하객이 방문하기 좋은 시간으로 결정한다.

3) 장소

⑴ 결혼식 장소는 어느 곳이든 상관없지만, 여러 가지를 고려할 때 예배당이 좋다.

⑵ 예배당의 장점은 교인이 참여하기 좋다는 점이다. 그리고 시간을 여유 있게 활용할 수 있다는 것이다. 부득이한 경우 예식장에서 할 수 있다.

4) 예식

⑴ 결혼식은 예배와 축하의 순서로 구성하되, 가능한 제1부 예배와 제2부 축하 순서로 구분한다.

⑵ 결혼식 때 예식서를 만들어 배부한다. 예식서는 부록에 첨부된 것을 참고할 수 있다.

5) 복장

⑴ 신랑 신부의 복장은 통상적으로 사용하는 예복(결혼 드레스)을 착용할 수 있지만, 당사자의 뜻에 따라 단정한 복장을 취할 수도 있다.

⑵ 가족의 복장도 마찬가지로 단정한 것으로 입으면 된다.

6) 예배

⑴ 결혼식 순서는 목회자의 지도를 따른다.

⑵ 주례자는 소속 교회의 목사가 하는 것이 좋다.

7) 초청과 축하

⑴ 청첩장은 교회의 허락과 광고 후에 보낸다.

⑵ 식사는 초청자나 하객 모두에게 부담이 되지 않는 범위에서 준비한다.

⑶ 축의금은 마음을 담되, 피차 부담이 되지 않는 범위에서 한다.

8) 신혼여행과 인사

⑴ 형편에 맞게 신혼여행을 간다.

⑵ 신혼여행은 가급적 주일은 피한다.

⑶ 신혼여행 후 부모님과 교회에 인사한다.

⑷ 결혼을 축하한 분들에게 감사의 인사를 전한다.

*체크 리스트

내용	시기 (최소한)	체크
결혼약속		
부모동의		
청원서 제출	결혼식 2개월 전	
상견례	상황에 따라	
예식장 예약	상황에 따라	
사진촬영	상황에 따라	
교육	결혼식 2개월 전	
교회광고	결혼식 4주 전	
청첩	교회 광고 후	
결혼식		
혼인신고	결혼식 후 1개월 이내	

4장 결혼식, 어떻게 준비할 것인가?

5장
가정을 어떻게 세울 것인가?

하나님은 세상을 창조할 때 질서를 부여하셨다. 사람을 창조하고 가정을 제정할 때도 질서를 부여하셨다. 만물이 창조주가 부여한 질서대로 기능할 때 생명력과 조화와 아름다움을 발산하듯 가정도 하나님의 질서대로 세워갈 때 순기능을 하게 된다. 하나님이 계획하신 가정의 질서는 무엇인가?

1. 가정의 질서

'샬롬'은 모든 것이 제 자리에 있는 상태다. 가정 안에는 아버지, 어머니, 자녀가 있다. 아버지, 어머니, 자녀가 성경의 가르침을 따라 자기 자리를 지킬 때 그 가정에 하나님의 샬롬이 임한다.

1) 아버지의 자리

하나님은 아담에게 두 가지 중요한 일을 맡기셨다. "여호와 하나님이 그 사람을 이끌어 에덴동산에 두어 그것을 경작하며 지키게 하시고"(창 2:15). '경작'은 땅을 일구고 씨를 뿌리며 추수하는 것을 넘어 온 세상을 에덴동산처럼 아름답게 가꾸는 일이다. '지키는' 일은 보호하는 것인데 무엇보다 아내와 가정을 유혹과 불순종으로부터 지켜내는 일이다. 아담은 경작하는 왕의 사명과 지키며 보호하는 제사장의 사명을 행하여 아내와 가정을 지키고 세상을 향한 하나님의 뜻을 수행해야 했다. 아담의 사명을 한 가정의 아버지에게 적용해 보자. 한 가정의 아버지는 왕으로서 가정의 경제를 책임지며, 일터에서 하나님의 뜻을 드러내고, 또한 제사장으로서 하나님을 섬기며 아내와 자녀에게 하나님의 말씀을 가르쳐서 가족이 그 말씀대로 순종하여 하나님을 섬기고 이웃을 사랑하도록 하는 것이다. 아버지는 하나님을 예배함으로써만 가정을 제자리에 세울 수 있다. 이것이 아버지가 있어야 할 마땅한 자리다.

2) 어머니의 자리

"여호와 하나님이 이르시되 사람이 혼자 사는 것이 좋지 아니하니 내가 그를 위하여 돕는 배필을 지으리라 하시니라"(창 2:18). 아담의 첫 왕의 임무는 각종 들짐승과 각종 새들, 곧 각종 생물의 이름을 짓는 일이었다. 아담은 이 일을 혼자 수행했지만 하나님은 그 일을 함께 할 아담의 파트너, 곧 '돕는 배필'을 계획하셨고 아담의 살과 뼈로부터 여자를 창조하셨다(창 2:21-22). 돕는 배필이란 그 사람에게 '가장 어울리는 사람'(suitable helper)을 뜻한다. 그래서 여성의 첫 번째 소명은 하나님의 형상인 남편을 세우는 돕는 자로서의 부르심이다. 우리 시대는 여성이 가정에서의 역할을 하찮게 취급한다. 하지만 가정은 하나님이 창조하신 질서 속에 여성이 있어야 할 기본적인 자리다. 남편을 돕는 자라는 위치가 평등하지 못하고 여성을 열등하게 보는 가부장적 질서라고 생각하지만, 성경은 하나님이 우리를 돕는 자라고 하실 때 사용하는 똑같은 단어를 사용하여 여자를 돕는 자라고 말한다. 하나님이 우리를 도우시듯이 아내는 남편을 돕는 사람이다. 이런 점에서 남편은 아내의 도움을 통하여 하나님의 도움을 경험한다. 남편이 하나님이 지으신 그 본래의 상태로 살아가도록 도와서 가정을 향한 하나님의 뜻이 이루어 가도록 하는 것이 아내의 역할이다.

또한 돕는 배필로서 여성은 자녀를 임신, 출산, 양육하는 일에 주요한 양육자가 된다. 그래서 어머니는, 아버지가 자녀들에게 하나님의 말씀을 가르치고 행하고자 할 때 가족들이 그 말씀에 순종하도록 돕는다. "지혜로운 여인은 자기 집을 세우되 미련한 여인은 자기 손으로 그것을 허느니라"(잠 14:1). 어떤 여자가 자기 집을 무너뜨리려고 하겠는가? 하지만 돕는 배필로서의 제자리에 있지 않는 여자는 집을 허무는 일을 한다. 정반대로 남편이 하나님이 정하신 자리에 있도록 돕는 아내는 집을 세우는 지혜로운 여인이다.

3) 자녀의 자리

자녀는 한 남자와 한 여자가 결혼을 통해 얻은 하나님의 선물이다. 세상 사람들은 자녀가 부모의 소유라고 생각한다. 그러나 성경은 자녀가 '여호와의 기업'이라고 말한다(시 127:4). 자녀는 내 것이 아니라, 하나님의 소유이며, 하나님이 잠시 맡겨주신 존재다. 성경은 세상의 모든 자녀에게 부모에게 효를 다하라고 말한다(출 20:12; 레 19:3; 신 5:16; 엡 6:2). 부모의 육체를 통해 세상에 태어났기 때문이며, 부모의 수고를 통해 어린 시절부터 양육되었기 때문이다. 자녀는 부모의 말씀에 순종하고 부모를 공경함으로써 하나님의 말씀에 순종하고 하나님을 경외한다. 어린 시절부터 부모의 말씀에 순종하는 자녀로 양육하는 것은 중요하다. 하나님은 이렇게 하나님을 사랑하는 부모의 경건을 통해 경건한 자녀를 세상에 대대로 이어가신다.

4) 상호관계의 자리

가정은 사랑과 용서를 기초로 해야 한다. 하나님은 남편에게 아내를 사랑하라고 하셨다. 아내는 남편에게 순종함으로 사랑해야 한다. 부모는 자녀를 사랑해야 한다. 가정생활 가운데 실수할 수 있다. 이때 잘못을 구체적으로 고백해야만 용서할 수 있는 것은 아니다. 진정성 있는

고백이라면 용서할 줄 알아야 한다. 우리는 하나님으로부터 용서받았다. 그러므로 가족을 용서할 수 있어야 한다. 부부는 사랑으로 서로를 용서할 수 있어야 하며, 부모는 자녀의 실수를 덮어 줄줄 알아야 하며, 자녀는 부모의 허물을 이해할 수 있어야 한다. 십자가의 복음은 용서와 화해의 복음이다.

2. 기억해야 할 것들

부모와 자녀가 제자리에서 순기능하여 하나님이 주시는 샬롬을 누리기 위해서 기억해야 할 몇 가지가 있다.

첫째, 부모는 청지기다.

하나님은 부모에게 자녀 양육을 맡기셨다. 부모는 하나님을 대신하여 자녀를 양육해야 한다. "아비들아 너희 자녀를 노엽게 하지 말고 오직 주의 교양과 훈계로 양육하라"(엡 6:4). 부모는 자신이 하나님의 청지기임을 잊지 말아야 한다. 부모가 자녀에게 화를 내는 대부분의 이유는 부모 자신의 권리를 하나님 앞에 내려놓지 못하기 때문이다. 자녀 양육은 부모의 특권이며 동시에 막중한 책임이지만, 부모가 하나님의 청지기라는 것을 깨달을 때 올바르게 그 역할을 수행할 수 있다. 다시 강조하지만, 자녀는 부모의 소유가 아니라 하나님의 것이다.

둘째, 부모는 본이다.

자녀에게 말로만 가르친다면 그 자녀는 위선자가 될 가능성이 크다. 마땅히 가르쳐야 할 것을 가르쳐야 하지만 무엇보다 부모는 말과 행실의 일치를 통해 가르쳐야 한다. "형제들아 너희는 함께 나를 본받으라 또 우리로 본을 삼은 것같이 그대로 행하는 자들을 보이라"(빌 3:17). 예를 들어, 효를 가르치려면 부모가 먼저 효를 다하는 모습을 보여주어야 한다. 감사를 가르치려면 부모가 먼저 감사하는 사람이 되어야 한다. 부모가 성경을 읽어야 자녀도 성경을 읽는다. 부모가 하나님 사랑을 실천해야 자녀도 따라 한다. "자녀들아 우리가 말과 혀로만 사랑하지 말고 오직 행함과 진실함으로 하자"(요일 3:18). 교회에서만 아니라 가정에서도 부모는 삶과 인격을 통해 자녀의 본이 되어야 한다. 그래야 그리스도께로 인도할 수 있다.

셋째, 부모 중심으로 하라.

자녀는 하나님이 주신 귀한 선물이지만 자녀가 가정의 중심이 되어서는 안 된다. 어떤 가정은 자녀를 존중한 나머지(혹은 자녀의 인기를 얻기 위해) 모든 것을 자녀에게 물어보고 자녀 중심으로 하려고 한다. 하지만 이것은 인본주의 교육의 유산이다. 자녀 중심의 가정은 오히려 자녀에게 불안감과 낮은 자존감을 조장하고 자녀를 이기적이고 자기중심적 사람으로 만든다. 가정은 부모가 중심이어야 한다. 부부가 서로 사랑하는 부부 중심의 가정은 견고하며 자녀도 안정감을 느낀다. 자녀에게 부모는 자신을 보호해 주는 절대적인 존재이기 때문이다. 자녀는 장래에 자신도 그런 가정을 이루고 싶은 생각을 가지게 될 것이다.

넷째, 떠나보낼 준비를 하라.

부모의 책임과 결정권은 자녀의 결혼식에서 끝난다. 자녀는 결혼과 함께 부모를 떠나 새로운 권위의 구조 아래 살아간다. 어쩌면 지나간 모든 자녀 양육의 시간은 자녀를 떠나보내기 위한 훈련의 시간이라고 할 수 있다. 부모의 기대나 생각보다 자녀는 훨씬 더 빨리 부모 곁을 떠나 독립할 수 있다. 부모나 자녀가 함께 했던 모든 순간은 소중한 시간이다. 그러므로 자녀와의 아름다운 시간을 귀중하게 여기고 현재를 마음껏 즐길 수 있어야 한다. 다른 한편으로, 떠나보내기 때문에 부모는 자녀 양육의 시기를 놓치지 말아야 한다. 하나님은 가나안 땅으로 들어갈 이스라엘 백성들에게 자녀교육의 중요성을 이렇게 강조하셨다. "너희가 건너가서 차지할 땅에서 행할 것이니 … 또 네 날을 장구하게 하기 위한 것이라 … 오늘 내가 네게 명하는 이 말씀을 너는 마음에 새기고 네 자녀에게 부지런히 가르치며 집에 앉았을 때든지 길을 행할 때든지 누워있을 때든지 일어날 때든지 이 말씀을 강론할 것이며"(신 6:1-7). 부모는 먼저 하나님의 말씀을 마음에 새기고 자녀가 부모의 품을 떠나기 전에 부지런히 그 말씀을 가르쳐야 한다.

3. 부모의 권위와 책임

신자는 자신의 가정을 어떻게 세워야 하는가? 세상의 교육은 시대와 문화에 따라 변하지만 성경의 가르침은 영원불변한 진리다. 가정을 세우는 원리도 성경에 있다. "하나님이 집을 세우지 아니하시면 세우는 자의 수고가 헛되며"(시 127:1). 하나님이 세우시지 않으면 모래 위에 세운 집과 같이 예상치 못한 어느 날 무너진다(마 7:27). 만물을 창조하신 하나님은 신자의 가정을 주목하고, 붙들고, 세우고, 다스리신다.

하나님의 주권과 섭리와 통치는 각 가정의 부모를 통해 드러난다. 참으로 부모의 권위는 심오하며, 부모의 책임은 막중하다. 부모는 이 과업을 어떻게 이루어야 하는가?

먼저, 부모의 소명을 가로막는 자신의 죄악을 회개해야 한다. 또한, 가정을 삼키려는 원수의 모든 계략을 간파할 수 있는 영적 분별력을 주시도록 기도하며 말씀과 성령 안에서 자녀를 훈련하고 그들이 믿음의 선한 싸움을 싸우도록 격려해야 한다. 끝으로, 우리는 예수 그리스도께서 원수 마귀를 이기셨다는 확고한 믿음 가운데 서서 세상과 원수들을 두려워하지 말아야 한다. "통치자들과 권세들을 무력화하여 드러내시고 구경거리로 삼으시고 십자가로 그들을 이기셨느니라"(골 2:15).

QR코드를 활용하시면,
양식을 다운로드 하실 수 있습니다.

결혼 청원서

수　신 : 당회장
청원인 : _____

본인은 아래와 같이 결혼을 청원하오니
허락해 주시기 바랍니다.

－ 아　래 －

	성명	생년월일	수세일	현소속교회(교단)
신랑				
신부				

첨부 :　1) 양가 부모의 결혼 동의서 1부.
　　　　2) 가족 관계 증명서 각 1부.
　　　　3) 건강 검진 확인서 각 1부. "끝".

20 년　월　일
대한예수교 장로회 OO교회

부모 동의서

(신랑 측)

부(父) :

모(母) :

저희 가정의 자녀 _____ 와 _____ 의 결혼을 동의하오니, 교회
의 절차에 따라 결혼식이 이루어질 수 있도록 허락해 주시기 바랍니다.

20 년 월 일

부(父)의 서명 :

모(母)의 서명 :

부모 동의서
(신부 측)

부(父) :
모(母) :

저희 가정의 자녀 _____ 와 _____ 의 결혼을 동의하오니, 교회의 절차에 따라 결혼식이 이루어질 수 있도록 허락해 주시기 바랍니다.

20 년   월   일

부(父)의 서명 :
모(母)의 서명 :

부록 2
결혼 청원서 접수 후
점검사항 및 권면사항

1. 점검사항

(1) 결혼할 합당한 나이에 이르렀는지 (민법에는 부모의 동의 없이 만 18세 이상은 누구나 결혼할 수 있으며, 부모의 동의가 있는 경우는 예외적으로 만 16세 이상이 결혼할 수 있다)

(2) (학습) 세례 교인인지

(3) 이단이나 사이비 종교에 속하지 않았는지

(4) 부모의 동의를 받았는지, 그렇지 않다면 이유가 무엇인지

(5) 자유로운 의사에 따라 결혼 청원을 하였는지

(6) 육체적 정신적 건강 상태에 대해 서로 이해하고 용납하는지

(7) 결혼 및 이혼 경험이 있는지, 있다면 사유가 무엇인지

(8) 재혼의 경우, 합법적인지

⑼ 혼전 동거 여부

2. 권면사항

⑴ 결혼예식까지는 순결을 유지한다.

⑵ 결혼예식 후에 국가에 혼인신고한다.

⑶ 결혼예식은 가급적 교회당에서 하도록 한다.

⑷ 결혼예식은 허례허식을 피한다.

부록3
결혼 준비 교재

QR코드를 활용하시면,
양식을 다운로드 하실 수 있습니다.

〈결혼예비자를 위한 5주차 성경공부〉

1과 결혼이란 무엇인가?

{ 마음열기 }

결혼을 이해하기 위해서는 먼저 인간이 어떤 존재인지 이해해야 한다. 우리는 누구인가? 결혼을 통해 남자와 여자는 정체성이 바뀐다. 남자는 남편으로, 여자는 아내로 말이다. 그러니 남편이 누구이고, 아내가 누구인지를 아는 것이 결혼생활에서 가장 중요한 일이다. 나라와 사회. 가정의 분위기에 따라서 남편과 아내의 정체성의 기준이나 정의가 다를 수 있다. 이제 결혼을 앞두고 서로가 생각하는 남편과 아내의 정체성이 무엇인지 빈칸에 써 보자.

남편의 정체성	아내의 정체성

{ 말씀 속으로 }

성경은 결혼에 대해 분명한 가르침을 준다. 창세기 1:26~31; 2:7을 읽고 묵상하며 다음의 질문에 답해 보자.

1, 하나님은 인간을 즉 남자와 여자를 자신의 형상대로 지으셨다고 말씀하신다. 인간이 하나님의 영광을 반영하며 하나님을 이 땅에 보여 주는 존재라는 사실을 가르치신다. 달이 태양 빛을 받아 그 빛을 지구에 반사하는 것처럼 인간은 하나님의 영광을 반사한다. 그래서 다른 사람의 얼굴을 볼 때 우리는 하나님의 얼굴을 본다. 이러한 성경의 가르침은 나 자신을 바라볼 때 어떤 관점의 변화를 가져오는가?

2. 배우자 역시 하나님의 형상을 따라 창조된 존재라는 사실을 깊이 묵상하라. 그러한 인식이 배우자를 향한 당신의 태도와 행동에 어떤

변화를 가져오는가?

3. 죄는 자신과 배우자 안에 있는 하나님의 영광을 일그러뜨린다. 다음의 질문을 생각해 보자.

1) 어떤 부분에서 서로를 신뢰하는 일이 어려운가?

2) 서로 말하기 어려운 주제는 무엇인가?

3) 의사소통의 문제들에는 어떤 것이 있는가?

4) 결혼 전에 서로의 순결을 지키기 위해 힘쓰고 있는가?

5) 궁극적으로 사랑해야 할 대상이 하나님이신가?

4. 창세기 2:19-25를 읽고 다음의 질문에 답해 보자.

1) 아담의 첫 번째 임무는 무엇이었는가? 수많은 동물들 속에서 아담은 어떤 결핍이 있었는가? 당신에게도 결혼의 필요성을 인식하게 된 사건이나 일이 있었는가?

2) 하나님은 여자를 어떻게 창조하시는가? 아담은 여자와 마주쳤을 때 왜 그런 식으로 기뻐했는가?

3) 이것은 결혼의 목적에 대해 무엇을 가르쳐 주는가?

5. 남자가 아내와 연합하기 위해 부모를 떠나야 한다는 것은 무슨 의미인가? 부모를 떠나는 문제에 있어 어려운 점이 있다면 자세히 목록을 만들어 보자.

1) _____

2) _____

3) _____

6. 부모를 떠나는 과정에서 부모의 역할은 무엇인가? 예비 부부와 부모가 서로 마음에 상처를 입지 않으면서 이 과정을 위해 서로 협력할 수 있는 방법은 무엇이 있을지 서로 나눠 보자.

{ 묵상과 적용 }

1. 창세기 2장의 말씀에 근거해서 결혼을 세 단어로 나타내자면, "떠남(현실)−성장−하나 됨"이라고 할 수 있겠다. 앞으로 결혼식을 앞둔 자신들의 삶을 성장시키고(특히 믿음과 성품에서) 하나로 만들어 가기 위한 구체적인 방법이 무엇인지 고민하고 목록을 만들어 보라. 또한 그것을 방해하는 것들과 그것을 해결할 방법이 무엇인지도 써보라.

성장과 연합을 위한 방법	방해하는 것들	해결 방법

2. 부부의 하나 됨(unity)은 개성이나 차이의 말살이 아니라, 각자의 장단점을 그대로 지닌 채 관계를 맺는 것이다. 서로의 차이는 부부의 삶의 지평을 더욱 풍요롭게 확장해 가는데 도움이 되며 결혼생활을 더욱 맛깔나게 해 줄 삶의 조미료와 같다. 서로 간의 다름을 받아들이고 인정할 준비가 되어 있는가? 그렇다면 서로 간의 차이를 감사의 제목으로 바꾸어 보자.

2과 남편과 아내의 소명

{ 마음열기 }

"우리 부부에게는 우리보다 더 중요한 대상이 딱 한 분 계십니다. 바로 하나님이시지요." "우리 부부가 그리스도인이 되기 전까지, 우리의 결혼은 그저 모래 위에 세워진 집에 불과했어요." 하나님은 결혼제도를 제정하실 때 분명한 사랑의 우선순위를 정해 두셨다. 이 우선순위는 결혼생활에서 필수적이다. 성경은 부부관계보다 더욱 근원적이고 근본적인 또 하나의 관계가 있음을 명시하는데 그것은 하나님과의 관계이다. 신자의 소명은 언제나 하나님과의 관계에서만 올바르게 발전된다. 이제 새로운 가정을 이룰 남편과 아내의 소명도 마찬가지다. 결혼 전과 후를 상상 비교하면서 자신의 소명에 대해 아래의 빈칸을 채워보자.

결혼 전의 소명	결혼 후의 소명

{ 말씀 속으로 }

하나님은 아담과 하와에게 세상을 하나님의 나라로 만드는 프로젝트를 주셨다. 둘은 어떻게 이 소명을 수행할 수 있는가? 아래의 성경 말씀을 통해 남편과 아내의 소명이 무엇인지를 발견해 보자.

1. 창세기 2:15에 따르면, 하나님이 아담과 하와에게 두 가지 일, 곧 경작하는 일과 지키는 일을 맡기셨다. 이 두 가지와 관련된 직분은 무엇인지 알맞은 곳에 줄을 그어 보자.

경작하는 일 □   □ 제사장의 일

지키는 일   □   □ 왕의 일

2. 하나님이 하와를 돕는 배필로 만드셨다는 말씀의 의미를 묵상해 보자(창 2:18). 성경은 '하나님이 우리를 돕는 자'라고 하신다(시 30:10, 54:4, 89:19, 118:7). 이것은 '돕는 배필'(helper)로서 여자를 이해하는 데 어떤 빛을 주는가?

3. 남편과 아내는 함께 하나님이 기뻐하시는 가정을 이루어 세상을 하나님 나라로 만들어가야 한다. 그러므로 가정이라는 집을 올바르게 세워야 세상이라는 집도 바르게 세워 갈 수 있다. 시편 127:1-5은 집을 어떻게 세워야 한다고 말하는가? 이 사실이 결혼생활에 어떻게 적용될 수 있는가?

4. 앞으로 부부 생활 속에서 하나님은 어떤 위치를 차지하셔야만 하는가? 남편이나 아내가 서로를 하나님보다 더 중요하게 여긴다면 어떤 죄를 범하는 것인가? 어떻게 부부가 그들의 관계 속에 하나님을 최고의 자리에 모실 수 있겠는가?

5. 배우자를 하나님보다 더 높은 자리에 두는 일 외에도 결혼 관계의 기반을 위협하는 것들이 있을 수 있다. 하나님 앞에서 아름다운 부부관계에 걸림돌이 되고 우상이 될 수 있는 또 다른 요소들은 무엇이 있겠는가?

{ 묵상과 적용 }

1. 당신과 하나님과의 관계에 대해 깊이 묵상해 보라. 그리고 감사의 이유와 제목들을 열거해 보라. 어떻게 하나님과의 관계가 깊어질 수 있겠는가?

2. 마태복음 7:24-27을 읽어보라. 예수님의 가르침과 시편 127편은 어떤 관련이 있는가? 마태복음의 가르침이 부부간의 결혼생활에 어떻게 적용이 될 수 있는가?

3과 임신과 출산

{ 마음열기 }

"둘이 셋이 되었을 때만큼 그 둘이 하나가 되는 때는 없다"는 말이 있다. 이것은 첫아기가 태어날 때 깨닫게 되는 진리이다. 지금까지 살아오면서 인생에서 가장 잘한 것 혹은 중요한 것이 무엇인지 말해 보라면 결혼한 여성들은 대체로 자녀를 낳은 일을 꼽는다. 우리 시대는 임신과 출산에 대해 이전 세대에 비해서 큰 차이를 보인다. 우리나라 출산율은 OECD 국가 중 최하이다. 출산율이 0.7%대이다. 인구의 소멸은 교회의 소멸을 의미하기도 한다. 이런 어려운 시대에 신자들은 믿음으로 자녀들을 많이 구하고 낳아야 할 것이다. 결혼 전부터 경건한 자녀들을 구하고 기도하는 것은 참으로 귀한 믿음의 일이다. 빈칸에 미래의 자녀를 위한 기도제목을 적어 보자.

기도제목(예비 신랑)	기도제목(예비 신부)

{ 말씀 속으로 }

1. 성경은 임신과 출산을 하나님이 처음부터 사람에게 주신 소명으로 말하고 있다(창 1:28). 당신의 사명 중에 이 일이 포함되어 있는가 아니라면 왜 그러한가?

2. 창세기에 아담의 족보를 보면, 아담과 그의 후손들은 긴 수명 동안 한 일도, 업적도 많았을 텐데 성경은 그들의 인생을 한 문장으로 요약하며 소개한다. 아래의 성경 구절들을 읽어 보자.

"아담은 백 삼십 세에 자기의 모양 곧 자기의 형상과 같은 아들을 낳아 이름을 셋이라 하였고 아담은 셋을 낳은 후 팔백 년을 지내며 자녀들을 낳았으며 그는 구백삼십 세를 살고 죽었더라"(창 5:3-5).

"라멕은 노아를 낳은 후 오백구십오 년을 지내며 자녀들을 낳았으며 그는 칠백 칠십칠 세를 살고 죽었더라 노아는 오백 세 된 후에 셈과 함과 야벳을 낳았더라"(창 5:30-31).

자녀를 낳고 키우는 것은 부모가 할 수 있는 것 중에 가장 위대한 것이다. 자녀를 낳고 싶지만 낳을 수 없는 상황에 있는 사람도 있다. 하지만 태를 여시고 생명을 주시는 분은 하나님이심을 믿고 하나님의 뜻을 구하며 기도하는 태도가 소중하다.

4. 말라기 선지자는 경건한 부모와 자녀의 경건이 관련되어 있다고 말한다. 아래의 구약성경 말씀을 읽어보자.

"유다는 거짓을 행하였고 이스라엘과 예루살렘 중에서는 가증한 일을 행하였으며 유다는 여호와께서 사랑하시는 그 성결을 욕되게 하여 이방 신의 딸과 결혼하였으니"(말 2:11)

"그러므로 이는 너와 네가 어려서 맞이한 아내 사이에 여호와께서 증인되시기 때문이라 그는 네 짝이요 너와 서약한 아내로되 네가 그에게 거짓을 행하였도다 그에게는 영이 충만하였으나 오직 하나를 만들지 아니하셨느냐 이는 경건한 자손을 얻고자 하심이라 그러므로 네 심령을 삼가 지켜 어려서 맞이한 아내에게 거짓을 행하지 말지니라"(말 2:14-15).

경건한 자녀를 낳고 키우는 것은 결혼의 중요한 목적 중의 하나다.

경건한 자녀를 얻기 위해 부모의 성결이 왜 중요한가?

5. 성경은 자녀가 누구의 소유라고 가르치는가?

"땅과 거기에 충만한 것과 세계와 그 가운데 사는 자들은 다 여호와의 것이로다"(시 24:1)

"보라 자식들은 여호와의 기업이요"(시 127:3).

1) 자녀는 그리스도의 것이며, 하나님 아버지의 소유이다. 당신에게는 이러한 믿음과 고백이 있는가?

2) 하나님은 자신의 소유에 대해 어떤 책임을 지시는가? 이사야 43:1-3을 읽어보자.

6. 자녀가 하나님의 소유라면 부모에게 자녀는 어떤 존재인가? 아래 구절을 참조하라.

창세기 49:25

시편 128:3-4

시편 127:3

잠언 17:6

7. 불임에 대해 잘못된 생각(예. 하나님의 저주)을 가진 분들이 있다. 하나님의 주권이라는 관점에서 볼 때 우리는 불임에 대해 어떤 태도를 가져야 하는가? 아래 성경 구절을 참조하라.

이사야 54:1

누가복음 1:5-7

{ 묵상과 적용 }

1. 임신에서 출산까지는 비교적 단기간의 과정이다. 하지만 이 과정은 부모의 역할을 준비하고 훈련하는데 참으로 소중한 시간이다. 부모가 되는 일은 갑자기 되지 않는다. "오직 주의 교훈과 훈계로 양육하

기" 위해서는 부모가 하나님의 교훈을 잘 배우고 알아야 한다. 하나님을 알아가기 위해 구체적인 계획을 세워보자.

2. 하나님께서 자기 백성들에게 원하시는 성품이 어떤 것인지 다음의 성경을 찾아 묵상해 보자.

요일 4:7; 빌 2:3-4; 마 22:37; 행 20:35; 엡 4:25; 살전 4:3, 7; 고후 8:21

4과 자녀 양육과 가정

{ 마음열기 }

이 땅에 살면서 사람이 할 수 있는 가장 위대한 일은 무엇일까? 19세기 위대한 신학자 D. L. 댑니의 말을 새겨보자. "자녀 양육은 우리가 지상에서 할 수 있는 모든 일 중에서 가장 중요한 일이다... 자녀 양육은 부모의 지상 최고의 과제다." 여러분은 대부분의 결혼생활을 자녀 양육이라는 이 중요하고 힘든 일에 할애하게 될 것이다. 부부가 자녀들을 그리스도의 장성한 분량에 이르도록 성장과 성숙을 도울 때, 부모도 함께 새로운 차원에서 성장할 것이다.

{ 말씀 속으로 }

  1. "말한다고 가르치는 것이 아니고, 듣는다고 배우는 것이 아니다." 부모들은 말보다 본을 통해 더 많은 것을 가르치게 된다. 자녀는 부모의 말과 행동을 모방하기 때문이다. 자녀들이 부모의 경건한 본을 따라 행할 때 어떤 복이 있는가?(빌 4:9)

  1) 디모데후서 1:5, 3:15에 따르면, 어린 디모데에게 본이 되었던 사

람은 누구인가?

2) 그들은 디모데에게 어떤 본을 보였는가?

"사람은 무엇으로 심든지 그대로 거두리라"(갈 6:7). 부모의 상당 부분이 자녀의 삶에 그대로 나타난다. 좋은 가르침을 주고 동시에 그릇된 본을 보이게 되면 아이들은 위선과 외식을 그대로 모방한다. 따라서 자녀가 올바른 사람이 되도록 돕기 위해서는 자신이 가르친 대로 살아서 자녀에게 본이 되어야 한다. 첫째도 본이고, 둘째도 본이고, 셋째도 본이다.

2. 하나님은 자녀 양육을 부모에게 맡기셨다(신 6:4-7; 엡 6:4). 부모는 자녀에게 하나님의 말씀을 잘 설명하고 가르쳐야 하는 중요한 책임을 맡은 사람이다. 신명기 6:4-7을 읽고 다음을 완성해 보라.

(1) 부모는 전심으로 (   )을 사랑해야 한다.

(2) 부모는 하나님의 말씀을 (   )에 새겨야 한다.

(3) 부모는 하나님의 말씀을 자녀에게 (   )히 (   )한다.

(4) 부모는 (   )때에든지 (   )때에든지 (   )때에든지 (   )때에든지 자녀에게 하나님의 말씀을 가르쳐야 한다.

3. 사랑과 징계는 자녀 양육의 기초다. 사무엘상 3:12-13을 읽고 엘리 제사장이 왜 자기 아들들의 죄에 대해 책임을 져야 했는지 말해 보자(히 12:5-11; 잠언 3:11-12; 전 8:11 참조).

유아기에서 성인으로 성장할 때까지 전 기간을 통해서 사랑은 자녀를 양육하고 훈련하는데 필수 조건이다. 하지만 자녀가 원하는 것을 다 들어주는 것은 사랑이 아니다. 때로는 자녀의 행복을 위해 그의 요구를 거절하기를 주저하지 말아야 한다. 징계는 존경받고 유능하고 책임감 있는 사람으로 만든다. 적절한 징계를 베푸는 것보다 자녀를 사랑하고 있다는 더 큰 증거는 없다.

4. 에베소서 6:4은 부모들에게 자녀의 인격 형성을 위한 중요한 지침을 주고 있다. 성경을 읽고 아래의 질문에 답해 보자.

1) 아버지가 꼭 해야 할 일은 무엇인가?
2) 아버지가 꼭 피해야 할 일은 무엇인가?

5. 가정의 분위기는 가정의 또 다른 중요한 요소이다. 가정의 분위기는 다음의 세 가지 요소가 필요하다.

첫째, 아름답고 매력적이며, 즐거운 곳으로 유지하기

둘째, 가족 구성원의 공동체성과 개성의 균형 이루기

셋째, 가족이 삶을 함께 즐기기

여러분의 어린 시절을 회상해 볼 때 이런 요소들 가운데 무엇이 당신에게 영향을 주었는가? 당신의 미래의 가정은 어떤 가정이 되기를 원하는가?

6. 부부는 항상 하나님의 소유를 잘 관리하는 청지기가 되어야 한다. 무엇보다 하나님 한 분만으로 만족하는 삶을 살아야 한다. 아래를 읽고 답해 보자.

1) 즐거운 마음으로 집을 개방할 마음이 있는가? (히 13:2)

2) 돈은 나의 돈, 너의 돈, 우리의 돈이기 전에 하나님의 것이다. 지혜로운 재정 운영에 대해 나눠보자.

3) 결혼 후 헌금계획에 대해 나눠보자.

{ 묵상과 적용 }

1. 신자의 자녀 양육의 목표와 기도는 자녀들이 지혜와 그 키가 자라가며 하나님과 사람에게 더 사랑스러워가도록 인도해 주는 것이다(눅 2:52 참조). 그 외에 다른 목표가 있다면 무엇이라고 생각하는가?

2. 예수님은 주는 것이 받는 것보다 복이 있다고 말씀하셨다(행 20:35). 부부는 어떤 방법으로 또 어디에 물질을 드려야 할지 항상 기도하고 받은 것을 온전히 주께 돌려드려야 한다. 결혼생활에서 헌금 생활이 주는 즐거움에 대해 나누어 보자.

5과 결혼식 준비

{ 마음열기 }

"이제 두 사람이 부부가 되었음을 공포합니다." 성혼이 선포되고 결혼식이 끝나는 순간부터 결혼생활이 시작된다. 그러나 대체로 결혼식까지 어떠한 절차를 거쳐야 하는지 모를 때가 많다. 그래서 웨딩업체가 이끄는 대로 하여 신자의 결혼이 세상 사람들과 큰 차이가 없을 때가 많다. 그래서 이제 결혼을 앞둔 당신에게 그리스도인을 위한 결혼 로드맵을 제시하려고 한다. 그 전에 당신이 생각하고 있는 결혼의 로드맵(결혼 결정부터 결혼식까지)을 생각해 보고 아래에 써보자.

나의 결혼 로드맵

{ 말씀 속으로 }

성경은 결혼에 대해 분명한 가르침을 준다. 창세기 2:18–25; 고린도후서 6:14을 읽고 묵상하여 다음의 질문에 답해 보자.

1. 창세기 2:18은 독신으로 살아가는 것에 대해서 성경은 어떤 가르침을 주는가? 결혼은 반드시 해야 하는가?

2. 창세기 2:24에서 남자가 부모를 떠나 아내와 한 몸을 이룬다는 것은 한 남자와 한 여자가 결혼하는 것을 의미한다. 아래에 있는 신앙고백서를 읽어보자.

결혼의 전제 조건(웨스트민스터 신앙고백서 제24장 2절)

결혼은 한 남자와 한 여자 사이에 이루어지는 것이다. 그래서 남자가 동시에 두 사람 이상의 아내를 두는 것이나, 여자가 동시에 두 사람 이상의 남편을 두는 것은 합법적이지 않다.

3. 부모를 떠나는 일은 반드시 부모(혹은 후견자)의 동의와 승낙이 필요하다. 왜 중요한가? 그 중요성에 대해 서로 공감하고 있는가? 만약

부모님이 결혼을 반대한다면 어떻게 할 것인가?

4. 결혼은 단지 개인의 일이 아니라 교회의 일이기도 하다. 그래서 결혼을 결심하고 부모의 동의를 구했다면 다음 순서로 '결혼 청원서'를 교회(당회)에 제출해야 한다(부록1 참조). 결혼이 교회의 일이라는 사실을 깨달을 때 얻게 되는 유익들은 무엇인가?

결혼을 제정하신 목적(웨스트민스터 신앙고백서 제24장 2절)

결혼은 남편과 아내가 서로 돕기 위해서, 합법적인 방식을 통한 인류의 번성과

거룩한 자손들을 통한 교회의 확장을 위해서, 부정(不貞)을 막기 위해서 제정

되었다.

5. 고린도후서 6:14에서 "믿지 않는 자와 멍에를 함께 메지 말라"는 말씀은 무엇을 의미하는가? 신자가 반드시 신자와 결혼해야 하는 이유는 무엇인가?

결혼에서 신자의 의무(웨스트민스터 신앙고백서 제24장 2절)

판단력을 가지고 자기의 동의를 표할 수 있는 모든 사람이 결혼하는 것은 합법

적이다. 그러나 오직 주 안에서 결혼하는 것이 신자의 의무이다. 그러므로 참된 개혁 신앙을 고백하는 사람은 불신자, 로마가톨릭 신자, 그 외의 우상 숭배자와 결혼해서는 안 된다. 또한 경건한 자는 그 생활에 있어서 심각하게 악한 사람이나 저주받을 만한 이단 사상을 주장하는 사람과도 결혼하여 멍에를 같이 해서는 안 된다.

6. 다가올 결혼식이 '주 안에서' 이루어지기 위해서 함께 힘써야 할 것이 무엇인지 아래의 절차를 읽고 정리해 보자. 무엇보다 모든 절차에 하나님의 은혜가 임하기를 기도하자.

7. 결혼식 단계별 준비절차를 읽어보자.

준비 1. 부모의 승낙

결혼을 위해 양가 부모의 동의나 승낙이 필요하다. 양가 부모의 동의나 승낙을 구했는가? 부모의 승낙이 중요한 이유는 무엇인가?

"자녀들아 주 안에서 너희 부모에게 순종하라 이것이 옳으니라 네 아버지와 어머니를 공경하라 이것이 약속이 있는 첫 계명이니 이로써 네가 잘 되고 땅에서 장수하리라"(엡 6:1-2).

결혼은 남녀가 각각 상당한 연령에 도달해야 하며, 부모 혹은 후견자의 동의를 얻는 것을 원칙으로 한다. 부모는 자녀가 원하지 않는 결혼을 강요해서는 안 되며 또한 자녀가 결혼을 원한다면 정당한 이유 없이 동의하지 않으면 안 된다(교회법).

준비 2. 교회의 허락

부모의 승낙을 얻었다면 다음으로 교회의 허락을 받아야 한다. 이를 위해 '결혼 청원서'를 제출해야 한다. 그리고 당회의 지도 아래에 결혼 날짜를 정하고 예식장을 구한다. 참고로 최근 예식장 예약에 어려움이 있어 교회의 허락이 있기도 전에 예식장을 먼저 잡는 일이 있지만 가능하면 당회의 허락을 구한 다음에 하는 것이 옳다. 예배당이 아닌 일반 예식장을 이용할 수 있지만 가능하면 당사자가 출석하는 예배당에서 교인들과 함께 시행하는 것이 바람직하다.

준비 3. 결혼예비교육

교회의 허락을 받은 후 결혼식이 있기까지 형편에 따라 5주의 결혼예비교육을 진행한다. 이때 목회자의 지도를 받아 예식과 순서 및 담당자를 상의하는 것이 좋다. 또한 결혼 서약문을 읽고 당일 회중들 앞에서 서약하기 전에 서약의 중요성을 강조한다.

(신랑에게)

신랑OOO, 그대는 여기에 있는 신부OOO를 그대의 정당한 아내로 맞이하기로 주님 앞에서 또한 여기에 모인 증인들 앞에서 서약하십니까? 그대는 이 사람을 신실하게 사랑하고 지도하며 보호하고 부양하며 부부의 도리와 정조를 지키기로 서약하십니까? 또한 이 사람을 결코 버리지 않고 기쁠 때나 슬플 때나 살림이 넉넉하거나 가난하거나 건강하거나 병들거나 죽음이 그대들을 나누기까지는 언제든지 거룩한 복음을 따라서 거룩함 가운데서 진실하게 함께 살 것을 서약하십니까?
대답:예, 그대로 서약합니다.

(신부에게)

신부OOO, 그대는 여기에 있는 신랑OOO를 그대의 정당한 남편으로 맞이하기로 주님 앞에서 또한 여기에 모인 증인들 앞에서 서약하십니까? 그대는 이 사람을 사랑하고 복종하며 도와주고, 부부의 도리와 정조를 지키기로 서약하십니까? 또한 이 사람을 결코 버리지 않고 기쁠 때나 슬플 때나 살림이 넉넉하거나 가난하거나 건강하거나 병들거나 죽음이 그대들을 나누기까지는 언제든지 거룩한 복음을 따라서 거룩함 가운데서 진실하게 함께 살 것을 서약하십니까?

대답: 예, 그대로 서약합니다.

준비 4. 결혼식 광고

결혼식 날짜와 장소가 정해지면 교회는 최소 3–4주 전에 교회 앞에 널리 광고하여 증인으로서 참석할 것을 독려한다(헌법적 규칙 제6조 5항). 결혼식은 교회의 일이므로 성도들은 결혼식을 도울 뿐 아니라 증인으로서 참석해야 한다. 하지만 불신결혼이나 주일에 행하는 결혼식은 교회 앞에 광고 할 수 없으며 주보에도 광고를 실을 수 없다. 결혼 당사자는 교회의 공적인 광고 후에 청첩장을 보낸다.

결혼 5. 결혼식 날

주일에 행하는 어떤 결혼식도 교회 앞에서 광고할 수 없으며, 주일예배에 병행할 수도 없다. 결혼식이 예배의 형식을 취한다 해도 공 예배와 구분되는 것이기에 성찬을 시행할 수 없다.

결혼 6. 결혼 이후 행정절차

결혼한 부부는 빠른 시일에 국가(시청 혹은 구청)에 결혼신고를 한다.
당회는 결혼명부에 성혼자의 성명과 결혼날짜를 작성한다.

{ 묵상과 적용 }

1. 모든 것을 일방적으로 하지 말고 서로 충분히 공유하고 나누는 것이 중요하다. 사람이 그 걸음을 계획할지라도 인도하시는 분은 하나님 이심을 고백하며 믿음으로 준비하도록 서로 격려하자.

2. 교회의 지도를 받아 결혼식을 준비하는 것에 대한 감사 제목을 서로 나누어 보자.

QR코드를 활용하시면,
양식을 다운로드 하실 수 있습니다.

부록 4
결혼식 모범

결혼식은 하나님 앞에서 행하는 거룩한 예식이므로 단정하게 진행되어야 한다. 또한 순서를 통해 성경적인 결혼의 의미가 잘 드러나야 한다. 순서는 주례 목사가 아래의 모범을 토대로 적절히 배치하여 사용하되, 시간이 여유로운 교회당용과 시간 안배가 필요한 예식장용으로 나눠서 상황에 따라 활용할 수 있다. 예식장의 경우 30분 이내에 모든 순서를 마쳐야 하기에 핵심적인 순서를 제외하고는 생략할 수 있다. 단, 권면, 서약, 공포는 결코 빠져서는 안 된다.

교회당용

〈1부 예식〉

신랑OOO, 그대는 여기에 있는 신부OOO를 그대의 정당한 아내로 맞이하기로 주님 앞에서 또한 여기에 모인 증인들 앞에서 서약하십니까? 그대는 이 사람을 신실하게 사랑하고 지도하며 보호하고 부양하며 부부의 도리와 정조를 지키기로 서약하십니까? 또한 이 사람을 결코 버리지 않고 기쁠 때나 슬플 때나 살림이 넉넉하거나 가난하거나 건강하거나 병들거나 죽음이 그대들을 나누기까지는 언제든지 거룩한 복음을 따라서 거룩함 가운데서 진실하게 함께 살 것을 서약하십니까?

신부OOO, 그대는 여기에 있는 신랑OOO를 그대의 정당한 남편으로 맞이하기로 주님 앞에서 또한 여기에 모인 증인들 앞에서 서약하십니까? 그대는 이 사람을 사랑하고 복종하며 도와주고, 부부의 도리와 정조를 지키기로 서약하십니까? 또한 이 사람을 결코 버리지 않고 기쁠 때나 슬플 때나 살림이 넉넉하거나 가난하거나 건강하거나 병들거나 죽음이 그대들을 나누기까지는 언제든지 거룩한 복음을 따라서 거룩함 가운데서 진실하게 함께 살 것을 서약하십니까?

축복 기도 ·· 주례 목사
성혼 공포 ·· 주례 목사

신랑 OOO 씨와 신부 OOO 씨가 부부가 된 것을, 한 몸이 된 것을, 하나님과 증인 앞에서 내가 성부와 성자와 성령의 이름으로 공포하노라.

"이제 둘이 아니요 한 몸이니 그러므로 하나님이 짝지어 주신 것을 사람이 나누지 못할지니라"(마 19:6). 아멘.

찬송 ··· 다같이
양가 부모에게 인사 ·································· 신랑 신부
하객에게 인사 ·························· 신랑 신부, 양가부모
결혼 행진 ·· 신랑 신부

〈2부 축하〉
축가 (1)
축가 (2)
사진촬영

예식장용

〈1부 예식〉

예식 선언 ··· 주례목사

신랑 입장 ··· 신랑

신부 입장 ··· 신부

찬양 ··· 다같이

성경봉독과 권면 ··· 주례목사

서약·· 신랑 신부

축복 기도 ··· 주례 목사

성혼 공포 ·· 주례 목사

〈2부 축하〉

축가

양가 부모 및 하객에게 인사 ································ 신랑 신부

결혼 행진 ··· 신랑 신부

사진촬영

부록 5

결혼 예식문

결혼 예식문

예식의 시작

결혼예식에 참석하신 성도 및 하객 여러분,

우리는 ○○○ 씨와 ○○○ 씨가 삼위 하나님의 이름으로 결혼 서약을 하는 자리에 증인으로 함께 모였습니다. 이제 우리는 주님의 이름으로 두 분의 결혼 예식을 시작하겠습니다.

결혼의 제정

결혼 서약을 하기 전에 먼저 결혼에 관한 성경의 가르침을 듣겠습니다. 성경은 결혼이 사람에게서 나온 것이 아니고 하나님께서 제정하신 제도라고 가르쳐 주십니다.

태초에 하나님께서 천지를 창조하신 다음에 그분의 형상을 따라서 사람을 창조하셨습니다. 그때 하나님께서는 "사람이 혼자 사는 것이 좋지 못하니 내가 그를 위하여 돕는 배필을 지으리라"고 말씀하셨습니다. 하나님께서 동물을 아담에게 인도하셨지만 아담은 거기에서 돕는 배필을 찾을 수 없었습니다. 하나님께서는 아담을 깊이 잠들게 하시고 그의 갈빗대를 취하여서 여자를 만드시고 아담에게 인도하셨습니다. 그때 아담은 사랑의 시로 여자를 맞이했습니다.

"이는 내 뼈 중의 뼈요
살 중의 살이라
이것을 남자에게서 취하였은즉
여자라 칭하리라."

하나님께서는 태초에 남자와 여자를 서로에게로 인도하여 한 몸이 되게 하셨으며, 오늘날도 여전히 남자와 여자가 한 몸으로 연합하여 거룩한 가정을 이루게 하십니다. 하나님께서는 "남자가 부모를 떠나 그 아내와 연합하여 둘이 한 몸을 이룰지로다"라는 원칙을 선언하셨습니다.

결혼은 하나님께서 친히 이루신 연합이기 때문에 하나님께서는 이 연합이 깨어지는 것을 매우 미워하십니다. 우리 주 예수 그리스도께서도 "하나님이 짝지어 주신 것을 사람이 나누지 못할지니라"(마 19:6)고 하셨고, 또한 "누구든지 음행한 연고 외에 아내를 내어버리고 다른 데 장가드는 자는 간음함이니라"고 말씀하셨습니다(마 19:9).

우리의 연약함을 아시는 주님께서는 "음행의 연고로 남자마다 자기 아내를 두고 여자마다 자기 남편을 두라"고 하셨습니다(고전 7:2). 이것은 우리의 몸이 성령의 전(殿)으로 보존되고 우리 몸으로 하나님께 영광을 돌리기 위해서입니다.

결혼의 목적
성경은 결혼의 목적에 대해서도 가르쳐 줍니다. 첫째, 남편과 아내는 신실한 사랑과 기쁨 가운데서 서로에게 속하여 있어야 하며 자기 유익을 구하지 아니하고 상대에게 자신을 온전히 주어야 합니다. 온전한 사랑 가운데서 한 몸이 된 두 사람은 현세와 내세의 모든 일에서 서로를 신실하게 도우면서 살아야 합니다.

둘째, 하나님께서는 결혼하여 다음 세대를 이어가도록 하셨습니다. 하나님께서 사람을 창조하신 후에 "생육하고 번성하여 땅에 충만하라"고 복을 주셨으므로 남편과 아내는 이 복 아래에서 생육하고 번성할 것입니다. 하나님께서 자녀를 주시면 자녀가 하나님을 알고 경외하도록 양육해야 합니다.

결혼의 비밀

사도 바울은 남편과 아내가 결혼으로 연합하여서 하나 되는 것은 그리스도와 그의 교회의 관계를 나타낸다고 가르칩니다. 그리스도와 교회의 연합은 큰 비밀입니다. 그리스도께서 교회의 머리이신 것처럼 남편은 아내의 머리입니다. 그리스도께서 교회를 끝까지 사랑하시고 교회를 위하여 자신을 주셔서 거룩하고 흠이 없게 하시는 것처럼, 남편도 아내를 자기 몸처럼 사랑하고 돌보고 보호하여야 합니다. 교회가 그리스도에게 순종하는 것처럼 아내는 모든 일에서 하나님의 뜻을 따라 남편에게 순종하고 존경해야 합니다. 경건한 여인들의 본을 따라서 하나님을 믿고 남편에게 복종해야 합니다.

남편과 아내는 그리스도를 경외함으로 피차 복종해야 합니다. 상대의 죄와 부족함을 마음으로 용서하고 모든 선한 일에서 서로 도와야 합니다. 그렇게 하면 세월이 갈수록 그리스도와 교회의 연합이 더욱 충만히 나타날 것입니다.

결혼의 약속

이 세상은 죄와 타락으로 말미암아 어려움과 고난과 슬픔이 있습니다. 결혼 생활도 마찬가지입니다. 하지만 생명의 은혜를 상속받을 자는 하나님께서 아버지와 같은 손길로 그들을 항상 돕고 보호하여 주실 것이고, 기대하지 않을 때도 응답하실 하나님의 약속을 믿을 수 있습니다.

남편과 아내가 함께 하나님의 말씀을 따라서 살 때 하나님께서는 이러한 복을 약속하십니다.

> "여호와를 경외하며
> 그의 길을 걷는 자마다
> 복이 있도다.
> 네가 네 손이 수고한 대로
> 먹을 것이라.
> 네가 복되고
> 형통하리로다"(시 128:1-2).

결혼생활의 의무

신랑 신부에게 결혼생활에 필요한 각자의 의무에 대해 말씀드리겠습니다.

신랑 ○○○ 군, 그리스도께서 교회를 사랑하여 자신을 내어주심같이 아내를 사랑하십시오. 그리스도를 경외하면서 아내의 머리로서 아내를 인도하며, 아내를 자기 몸처럼 사랑하고 보호하고 양육하십시오. 아내는 남편과 함께 영원한 생명을 유업으로 받을 사람이므로 아내를 귀하게 여기십시오. 그리하면 기도가 막히지 않을 것입니다. 가족을 부양하고 가난한 사람을 돕기 위해 매일 성실하게 일하십시오.

신부 ○○○ 양, 남편을 사랑하고 교회가 그리스도에게 복종하듯이 남편에게 순종하십시오. 그리스도를 경외하면서 남편의 지도를 받고, 모든 선한 일에서 그를 도우십시오. 가정을 돌보며, 믿음과 사랑과 거룩함으로 단장하십시오.

두 사람은 서로 돕고 항상 신실해야 합니다. 주님께서 주신 소명을 교회와 세상에서 부지런히 실천하십시오. 그리하여 하나님께서 두신 자리에서 복이 되십시오.

은혜로우신 하나님께서 남편과 아내로서 이 교훈을 따라 살 능력과 신실함을 주시기 원하며, 천지를 지으신 여호와께 도움을 구하기를 기원합니다.

결혼 서약

(목사: 오른손을 들어 서약하겠습니까?)

(신랑에게)

신랑 ○○○ 군, 그대는 여기에 있는 신부 ○○○를 그대의 정당한 아내로 맞이하기로 주님 앞에서 또한 여기에 모인 증인들 앞에서 서약하십니까? 그대는 이 사람을 신실하게 사랑하고 지도하며 보호하고 부양하며 부부의 도리와 정조를 지키기로 서약하십니까? 또한 이 사람을 결코 버리지 않고 기쁠 때나 슬플 때나 살림이 넉넉하거나 가난하거나 건강하거나 병들거나 죽음이 그대들을 나누기까지는 언제든지 거룩한 복음을 따라서 거룩함 가운데서 진실하게 함께 살 것을 서약하십니까?

(신부에게)

신부 ○○○ 양, 그대는 여기에 있는 신랑 ○○○를 그대의 정당한 남편으로 맞이하기로 주님 앞에서 또한 여기에 모인 증인들 앞에서 서약하십니까? 그대는 이 사람을 사랑하고 복종하며 도와주고, 부부의 도리와 정조를 지키기로 서약하십니까? 또한 이 사람을 결코 버리지 않고 기쁠 때나 슬플 때나 살림이 넉넉하거나 가난하거나 건강하거나 병들거나 죽음이 그대들을 나누기까지는 언제든지 거룩한 복음을 따라서 거룩함 가운데서 진실하게 함께 살 것을 서약하십니까?

기도

하나님 아버지, 주님의 이름으로 서약하는 이 두 사람에게 복 주시고, 이 결혼을 통해 하나님께 영광돌리니 감사드립니다.

이 두 사람에게 성령께서 함께 하셔서 하나님의 뜻을 따라 결혼생활하게 하옵소서. 두 사람을 도우셔서 죄와 싸우게 하시고, 주님의 거룩한 뜻을 이루도록 하옵소서. 어려울 때나 평안할 때나 늘 하나님께서 인도하여 주옵소서.

두 사람에게 자녀도 허락하여 주시고, 하나님이 주실 때 언약을 따라 잘 양육하게 하옵소서. 둘의 연합이 날마다 깊어지게 하시고, 그리스도와 교회의 관계를 깊이 체험하게 하옵소서. 두 사람이 자기 자신만을 위해서가 아니라 이웃을 위해서도 살게 하옵소서.

예수님의 이름으로 기도합니다. 아멘.

성혼 공포

신랑 OOO 씨와 신부 OOO 씨가 부부가 된 것을, 한 몸이 된 것을, 하나님과 증인 앞에서 내가 성부와 성자와 성령의 이름으로 공포하노라.

"이제 둘이 아니요 한 몸이니 그러므로 하나님이 짝지어 주신 것을 사람이 나누지 못할지니라"(마 19:6). 아멘.

결혼식 권면(설교) 예시

예시 1)

설교본문: 에베소서 5:15-21

설교제목: 서로 복종하는 부부

결혼은 신비로운 수학입니다. '1 + 1'이 1입니다. 결혼은 둘이 하나가 되는 것입니다. 결혼을 통해 이제 두 사람은 하나가 됩니다. 이제부터 '따로'가 아니라 '하나'가 되어야 합니다. '각각'이 아니라 '서로'가 되어야 합니다. 지금까지는 모든 것을 홀로 해 왔다면 이제부터는 모든 것을 '같이' 해야 합니다. '서로' 마음을 모아야 합니다. '서로 복종하는 부부'라는 제목으로 말씀을 전하려고 합니다. 세 가지를 살펴보겠습니다. 서로 복종해야 합니다. 서로 용서해야 합니다. 서로 도와야 합니다.

1. 서로 복종해야 합니다.

많이 나아졌지만 아직까지 한국에는 가부장 문화가 남아 있습니다. 아내가 남편에게 절대적으로 복종해야 한다고 생각합니다. 남편은 아내 위에 군림하려고 합니다. 결혼하면서부터 주도권싸움이 시작됩니다. 아내도 지지 않으려고 하지요. 어떻게 보면 이것은 당연한 현실입니다. 인간의 타락은 부부관계에 깊은 영향을 미쳤습니다. 하나님께서 아내인 하와에게 말씀하십니다. "내가 네게 임신하는 고통을 크게 더하리니 네가 수고하고 자식을 낳을 것이며 너는 남편을 원하고 남편은 너를 다스릴 것이니라"(창 3:16). 남편을 원한다는 말은 남편을 지배하려고 한다는 뜻입니다. 아내는 남편을 자기 손에 넣고 지배하려고 합니다. 남편은 남자니까 힘으로, 완력으로 아내를 지배하려고 하지요. 이렇게 타락한 인생은 서로 지배하려고 합니다. 상대방을 굴복시키려고 합니다.

성경은 피차 복종하라고 말씀하고 있습니다. 21절을 보십시오. "그리스도를 경외함으로 피차 복종하라." 두 사람이 각각 그리스도를 경외해야 합니다. 두 사람이 각각 그리스도를 두려워해야 합니다. 그리스도를 깊이 섬겨야 합니다. 우리를 위해 자신을 주신 그리스도 말입니다. 우리를 위해 십자가 지신 그리스도 말입니다. 자기를 온전히 내어주신 그리스도 말입니다. 그 그리스도를 경외하면 서로 복종할 수 있습니다. 서로 신경전을 벌이면서 주도권을 쥐려고 할 필요가 없습니다. 그리스도를 모시지 않는 가정은 늘 싸움을 할 수밖에 없습니다. 남편이니까 아내의 복종을 요구하고, 아내니까 남편을 쥐락펴락하려고 합니다. 두 사람의 가정은 그리스도를 주인으로 모시기 바랍니다. 그리하여 서로 복종하십시오.

2. 서로 용서해야 합니다.

지금은 두 사람이 눈에 콩깍지가 끼어서 상대방의 부족함이 보이지 않을지 모릅니다. 상대방의 죄도 보이지 않을지 모릅니다. 그런데 결혼하는 순간에 상대방의 죄와 부족함이 보이기 시작할 것입니다. '내가 저런 사람과 결혼했나'라고 생각할 때가 많을 것입니다. '전에는 저런 사람이 아니었는데'라는 생각이 들 것입니다. 전혀 다른 사람처럼 보일 것입니다. '저 사람이 나를 속였구나'라고 생각할 것입니다. 아닙니다. 속인 것이 아닙니다. 바뀐 것이 아닙니다. 원래부터 그런 사람이었습니다. 같은 사람입니다. 내가 보고 싶은 것만 보았을 뿐입니다. 부족함이 보이면 결혼할 수 없으니까 하나님께서 눈을 살짝 감긴 것입니다.

이제부터는 용서할 준비를 해야 합니다. 마음으로부터 용서할 준비를 해야 합니다. 이제부터 너무 잘 보일 것입니다. 상대방의 부족한 것이 너무 잘 보일 것입니다. 가까이 있으니까 나에게 잘못하는 것이 너무 잘 보일 것입니다. 그동안에는 조심했을 텐데 이제는 결혼했으니까 너무 편해져서 함부로 할 수도 있습니다. 그럴 때마다 그리스도를 생각하면서 용서해야 합니다. 하나님께서 그리스도를 통해 나를 용서해 주셨듯이 나도 용서해야 하겠다고 생각해야 합니다. 부부 사이에는 어느 누구도 끼어들어서는 안 됩니다. 부모도 끼어들어서는 안 됩니다. 하지만 두 사람 사이에는 항상 그리스도가 끼어드셔야 합니다. 그리스도를 통해 상대방을 보기 바랍니다. 그러면 용서할 수 있습니다.

3. 서로 도와야 합니다.

결혼해서 하나가 되었음에도 혼자 사는 것과 다를 바가 없는 경우를 종종 봅니다. 혼자 돌아다닙니다. 왜 결혼했을까요? 이제부터는 같이 해야 합니다. 자기를 포기해야 합니다. 자기 몸도 포기해야 합니다. 노예각서를 쓰라는 것이 아닙니다. 상대방의 노예가 되는 것이 아닙니다. 결혼해도 나는 없어지지 않습니다. 그럼에도 불구하고 결혼하면 상대방이 나를 주장하게 해야 합니다. 이것을 하려고 하지 않는다면 결혼하지 말아야 합니다. 결혼해도 상대방은 아랑곳하지 않고 오직 내가 하고 싶은 것만 하고 살려고 한다면 결혼할 이유가 없는 것이지요. 이제부터는 모든 것을 같이 해야 합니다.

결혼은 두 사람이 하나가 되는 것입니다. 이제부터는 하나가 되어 모든 선한 일에서 서로를 도와야 합니다. 두 사람이 함께 살려고 하는 것은 돈을 아끼기 위한 것이 아닙니다. 서로 분업을 잘하기 위함이 아닙니다. 두 사람이 결혼하는 것은 거룩한 소비를 하기 위한 것입니다.

두 사람이 서로에게만 집중하는 것이 아니라 선한 일을 위해서 하나가 되었습니다. 그러므로 이제 서로 도와야 합니다. 상대방을 도와야 합니다. 상대방을 도우는 것이 내가 무언가를 이루는 것보다 훨씬 더 위대한 것입니다. 상대방을 위해 자기를 희생하는 것이 자기를 위하는 것입니다. 이제는 상대방이 바로 나 자신이기 때문입니다.

이제 말씀을 맺겠습니다. 이제부터 두 사람은 둘이 아니라 하나입니다. 따로국밥이 되지 마십시오. 모든 것을 함께 나누기를 바랍니다. 서로 복종해야 합니다. 서로 용서해야 합니다. 서로 도와야 합니다. 두 사람은 "사랑으로 연합되었음으로 세월이 갈수록 여러분의 혼인 생활에서 그리스도와 교회의 연합이 더욱 충만하게 나타날 것입니다." 우리 사회에 가장 큰 위로를 주는 것이 바로 신자의 결혼입니다. 신자의 하나 됨입니다. 많은 이들이 여러분의 하나 됨을 통해 그리스도와 교회의 연합을 확인할 수 있을 것입니다. 이 하나 됨을 힘써 지키기를 바랍니다. 하나 됨을 깨려는 악한 세력을 대항하여 피 흘리기까지 싸우기 바랍니다.

부록 6. 결혼식 권면(설교) 예시

설교본문: 마가복음 10:6-9

설교제목: 하나님이 짝지어 주신 것

스티븐 호킹이라는 영국의 유명한 천체물리학자를 아십니까? 우주의 신비를 많이 파헤친 학자로 유명합니다. 그가 어떤 인터뷰에서 '자기에게 제일 신비로운 존재는 여자다'라고 말했습니다. 우주의 수많은 수수께끼를 푼 그가 끝내 못 푸는 신비가 여자라고 말했습니다. 남자에게 여자는 풀어도 풀리지 않는 수수께끼입니다. 여자에게 남자도 마찬가지일 것입니다. '화성에서 온 남자 금성에서 온 여자'라는 제목의 책도 있지 않습니까? 남자와 여자는 사는 별이 다르다는 재미있는 표현입니다.

오늘 우리는 한 남자와 한 여자가 하나 되는 복된 예식에 참여했습니다. 사실, 그다지 새로울 것이 없는 자리입니다. 결혼식은 수없이 계속되고 있으니까요. 하지만 이 자리야말로 가장 신비한 자리입니다. 하나님 앞에서, 수많은 증인들 앞에서 하나 되는 자리이기 때문입니다. '하나님이 짝지어 주신 것을 사람이 나누지 못한다'는 주제로 말씀을 전하려고 합니다. 첫째, 여자는 돕는 배필로 지어졌습니다. 둘째, 둘이 한 몸이 됩니다. 셋째, 사람이 나누지 못합니다.

창세기 1장 27절에 보니 하나님께서 사람을 하나님의 형상대로 창조하시되 남자와 여자를 창조하시고 그들에게 복을 주시고는 온 세상을 다스리라고 하셨습니다. 그러면 남녀가 평등하지 않습니까? 남녀가 하나도 다르지 않지 않습니까? 그런데 우리는 창세기 2장으로 가서 하나님께서 사람을 지으실 때의 구체적인 과정을 기록하고 있는 것을 주목해야 하겠습니다. 하나님께서는 남자를 먼저 지으셨습니다. 하나님께서는 그 남자를 위해 한 동산을 창설하시고 그를 위해 필요한 모든 것을 다 제공하십니다. 하나님께서 그 남자와 더불어 언약을 맺으셨습니다. 다른 모든 것은 마음대로 먹을 수 있되 선악을 알게 하는 나무의 열매는 먹지 말라고 하십니다. 그것을 먹는 날에는 죽는다고 하십니다.

이후에 하나님께서는 남자를 위해 여자를 지으셨습니다. 흥미롭게도 여자의 필요성을 깨닫도록 하나님께서 특별한 조처를 취하십니다. 하나님께서는 그 남자, 아담에게 동물들을 이끌어 오십니다. 그 동물들에게 이름을 짓게 하십니다. 하나님께서 동물들을 이끌어 오신 다른 이유는 동물들이 다 짝이 있다는 것을 보이시기 위함입니다. 그리고 아담에게 짝이 될만한 동물이 있는지 살펴보도록 하시기 위함입니다. 아담은 그 어떤 동물도 자기의 짝이 될 수 없다는 것을 발견합니다. 최근에 강아지를 키우면서 반려견이라는 표현마저 합니다. 강아지는 사람의 짝이 될 수 없습니다. 그 어떤 동물도 사람의 짝이 될 수 없습니다.

하나님께서는 아담을 깊이 잠들게 하시고는 그의 갈빗대 하나를 뽑아서 여자를 만듭니다. 그리고는 그 여자의 손을 잡고 아담에게 이끌어 오십니다. 하나님께서 신부의 아버지처럼 친히 여자의 손을 이끌고 아담에게로 데리고 온 것입니다. 하나님이 최초의 주례자라고 말할 수도 있습니다. 이렇게 여자는 남자를 위한 돕는 배필로 지어졌습니다. 여자가 남자를 지배하려고 해서는 안 됩니다. 남자가 여자의 머리입니다. 전근대적인 말로 들릴지 모르겠지만, 돌에 맞을 말인지 모르겠지만, 하나님께서는 여자를 지으시되 남자를 돕는 배필로 지으셨습니다.

남자가 여자보다 높다는 말이 아닙니다. 남자는 여자를 무력으로 지배해야 한다는 말이 아닙니다. 남자가 책임이 있다는 뜻입니다. 나중에 하와가 마귀의 꼬임에 빠져서 선악과를 따 먹습니다. 하와의 죄입니다. 하지만 그 책임은 아담이 져야 합니다. 자신이 하나님과 더불어 언약을 맺었습니다. 그렇다면 그는 하와를 잘 가르쳐야 했습니다. 그런데 잘 가르치지 않아서 선악을 알게 하는 나무의 열매를 따 먹게 되었습니다. 무릇 남자가 책임을 져야 합니다. 남자가 책임을 지지 않고 여자에게 떠넘기는 것은 큰 잘못입니다. 죄송한 이야기지만 우리 사회의 문제는 여자의 문제가 아니라 남자의 문제입니다. 남자가 잘해야 합니다. 무릇 남자가 책임져야 합니다.

2. 둘이 한 몸이 됩니다.

하나님께서 하와의 손을 이끌고 오셔서 아담에게 넘겨 주셨을 때 아담이 크게 소리칩니다. "이는 내 뼈 중의 뼈요 살 중의 살이라 이것을 남자에게서 취하였은즉 여자라 부르리라." 이 외침이 인간 최초의 노래입니다. 사랑의 노래입니다. 이 표현은 '당신은 나의 잃어버린 반쪽'이라는 표현보다 더 강한 것입니다. '당신은 나 아닌 나'라는 뜻입니다. 아담은 이제 비로소 자기 짝을 찾았습니다. 하나님께서 아담의 짝을 만들어 주셨습니다. 이제 아담은 혼자가 아닙니다. 아담은 혼자 살 필요가 없습니다.

하나님께서는 아담과 하와를 하나가 되라고 하십니다. "이러므로 남자가 부모를 떠나 그의 아내와 합하여 둘이 한 몸을 이룰지로다." 우리가 너무나 잘 아는 하나님의 최초의 주례사입니다. 여기서도 남자가 주도권을 가져야 한다고 말씀합니다. 남자가 부모를 떠나서 그의 아내와 하나가 되어야 한다고 말씀합니다. 이제는 부모로부터 독립해야 한다는 뜻입니다. 이제는 남자가 아내를 이끌어야 한다고 말씀합니다. 명절이 끝나고 나면 이혼율이 급증한다고 하는데 시댁에서 며느리가 겪는 어려움 때문인 경우가 많습니다. 남자는 부모로부터 독립해야 합니다. 아내를 보호해야 합니다.

부록 6. 결혼식 권면(설교) 예시

이제 남편과 아내는 하나가 됩니다. 그들의 마음이 하나가 되고, 그들의 몸도 하나가 됩니다. 참 신기한 일입니다. 너무나 다른 남자와 여자가 이제는 하나가 됩니다. 이런 신비가 없습니다. 성적으로 다르기 때문에 자연스럽게 하나 되는 것이 아닙니다. 하나님께서 이들을 하나가 되게 하십니다. 이제는 둘이 아니라 하나입니다. 이제 남편과 아내 사이에는 그 어떤 부끄러움도 없습니다. 그들이 벌거벗어도 부끄러움이 없습니다. 벌거벗은 채로 서로를 보아도 부끄러움이 없습니다. 남편과 아내 사이에는 그 어떤 부끄러움도 수치도 없습니다. 서로를 온전히 받는 관계, 그 사이에 그 어떤 것도 끼일 수 없는 관계, 그것이 바로 부부관계입니다.

3. 사람이 나누지 못합니다.

요즘에는 이혼을 쉽게 생각합니다. 조건을 보고 결혼했는데 그 조건이 사라지면 이혼하는 것이 어떻냐고 말합니다. 결혼을 귀하게 여기지 않습니다. 그러나 예수님은 말씀하셨습니다. "하나님이 짝지어 주신 것을 사람이 나누지 못할지니라." 이혼은 하나님께서 미워하시는 죄입니다.

결론

사랑하는 신랑 신부 두 사람, 두 사람이 하나 되어 이 세상에 하나

됨이 무엇인지를 보이기를 바랍니다. 혼인조차도 진정한 하나 됨이 아니라 수많은 분열의 씨앗이 되고 있는 이때 주안에서 하나 되는 것이 이 세상에 참된 위로가 되기를 바랍니다. 신자의 결혼은 그리스도와 교회의 하나 됨을 보여주기 위해 하나님께서 만드셨다는 것도 기억하십시오. 우리는 타락한 본성을 가지고 있기에 그리스도를 생각하지 않으면, 교회를 생각하지 않으면 희생도 불가능하고, 순종도 불가능합니다. 남편은 그리스도가 교회를 위해 자신을 온전히 내어주고 희생했듯이 아내를 위해 그렇게 하고, 아내는 교회가 그리스도를 온전히 섬기듯이 남편을 향해 그렇게 하기를 바랍니다. 하나님께서 이 하나 됨을 무척이나 기뻐하실 것입니다.

부록 6. 결혼식 권면(설교) 예시

1. 국가에 결혼 신고를 했으나 결혼식을 하지 않은 상태에서 함께 살 수 있는가?

요즘 청년들 사이에 주택청약 등을 위해 결혼식을 하지 않고 행정당국에 결혼 신고를 미리 하는 경우가 종종 있다. 결혼 신고를 했기에 아무 거리낌 없이 부부처럼 함께 사는 경우도 있다. 기독교인이라면 결혼식을 통해 하나님과 증인들 앞에서 결혼 서약을 하고 난 다음에 부부로 함께 사는 것이 마땅하다.

2. 결혼하기로 약속했는데, 현실 때문에 자꾸 미루는 경우는 어떻게 해야 하는가?

바람직하지 않다. 아무리 현실적인 문제가 많다고 하더라도 결혼을 약속했으면 빨리 결혼식을 하고 부부로 사는 것이 합당하다.

3. 불신자와 결혼한 신자에 대해 어떻게 해야 하는가?

"너희는 믿지 않는 자와 멍에를 함께 메지 말라"(고후 6:14)고 하셨다. 노아시대의 홍수도 바로 '하나님의 아들들이 사람의 딸들의 아름다움을 보고 자기들이 좋아하는 모든 여자를 아내로 삼은 것'(창 6:2) 때문이었다. 불신자와 결혼한 당사자가 기독교인이고, 세례교인이라면 마땅히 권징해야 한다.

불신자와 결혼하여 전도하면 된다고 하는 말은 어불성설이다. 실제로 그렇게 되는 경우가 있다고 하더라도 그것이 불신 결혼을 합리화할 수 없다. 권징의 수위는 당회가 정한다.

4. 자녀가 불신결혼을 할 때 부모가 책임을 져야 하는가?

자녀가 성인이 되어 부모와 독립하여 살다가 불신결혼을 했다면 그것은 본인 잘못이요, 본인 책임이다. 그 당사자가 이미 교회생활하고 있지 않는 실종교인이라고 하더라도 불신결혼을 하기에 교인으로서의 책임이 있을 수밖에 없다.

그러면 그 부모에 대해서는 어떻게 해야 하는가? 언약의 자녀를 유아세례받게 하지 않았고 신앙을 고백하도록 돕지도 않았고, 그래서 그 자녀가 교회를 떠났다면 부모가 책임을 져야 한다. 교회는 그 부모를 권징할 수 있다. 하지만 자녀가 유아세례를 받았고 입교(14세 이상 가능)도 했는데 부모로부터 독립하여 생활하다가 불신결혼을 했다면 이것은 전적으로 당사자의 책임이다. 부모가 기도하면서 도왔음에도 불구하고 자녀가 입교를 거부했고, 독립하여 살다가 불신결혼까지 했다면 당사자의 책임이 더 크다.

한편, 자녀가 이미 성인이고 스스로 판단하여 결정했음에도 불구하고 그 부모가 자녀양육에 대한 책임을 다하지 못했기에 그런 일이 일어났다고 생각할 수 있다. 이에 그 부모가, 특히 직분자이기에 자숙할 수 있다. 더 나아가 교회에 견책(상당한 과실이 있어 엄히 책망하고, 회개하여 스스로 시정하도록 촉구하는 것)이나 근신(2개월 이상 6개월 이내의 기간 동안 죄과를 반성하고 말이나 행동을 삼가게 하는 것)의 시벌을 요청할 수 있다. 이때 교회는, 특히 당회는 교회 자녀들을 믿음으로 양육할 책임을 제대로 감당하지 못했다는 것을 인정하면서 함께 그 어려움과 고통을 짊어지는 마음을 가져야 할 것이다.

5. 결혼식이 하나님이 세우신 거룩한 예법이라면 왜 성례(聖禮)가 아닌가?

1) 결혼은 하나님이 정하신 창조의 질서요 처음부터 거룩한 제도이다. 그래서 종교개혁 당시 개혁가들은 결혼 예식서를 사용하였고, 웨스트민스터 예배모범도 결혼식에 대해 다룰 만큼 성도의 결혼은 아주 중요하다.

2) 그렇다고 성례는 아니다. 중세교회는 결혼을 세례와 성찬처럼 성례로 여겼다. 성례를 뜻하는 라틴어 세크라멘툼(*sacramentum*)이 남편과

아내의 관계를 다루는 본문인 에베소서 5:32에 나오는 비밀(μυστήριον)에서 왔다는 것과 결혼과 가정을 속된 것으로 여기고 성례를 통해 거룩하게 해야 한다고 보았기 때문이다. 중세교회는 혼인성사를 포함해서 심지어 7가지 성례를 주장했는데, 성례는 그리스도께서 친히 제정하신 오직 2가지 세례와 성찬뿐이다.

6. 결혼식에서 누가 주례를 해야 하는가?

목사나 기타 교역자가 주례하는 것이 옳다. 결혼은 사회제도이기 이전에 하나님께서 제정하신 제도이기에 결혼에 대한 원리를 분명하게 설명해야 한다. 이것을 하기 위해서는 믿지 않는 이들을 주례로 세워서는 안 되고 말씀을 맡은 교역자가 권면, 서약, 축복 기도를 하면서 주례하는 것이 옳다.

7. 목사가 주례 없이 기도만 부탁받으면 할 수 있는가?

목사나 교역자의 주례 없이 결혼 당사자의 친구 등을 사회자로 세워서 결혼식을 하는 경우가 있다. 이렇게 하면서 교역자에게 결혼식의 한 순서로 기도만 부탁하는 경우가 있다. 이는 합당하지 않다. 단, 부득이하게 목사에게 주례를 부탁하지 못하는 경우는 예외적으로 당회에 불러 기도해주는 것이 좋다. 예컨대, 불신 부모의 반대로 인해 기독교 예식으로 진행할 수 없는 경우가 있다.

8. 목사가 불신자의 결혼식을 주례할 수 있는가?

할 수 없다. 불신자가 목사에게 개인의 자격으로 주례를 요청하더라도 목사는 응해서는 안 된다. 불신자가 친분관계로 인해 목사에게 주례와 기도를 부탁할 때 전도의 기회라고 생각할 수 있으나, 목사의 직무가 오남용될 수 있기 때문이다.

9. 부모의 동의 없이 결혼할 수 있는가?

결혼은 부모 혹은 후견자의 동의를 얻는 것을 원칙으로 한다. 부모는 자녀가 원하지 않는 결혼을 강요해서는 안 되며 또한 자녀가 결혼을 원한다면 정당한 이유 없이 반대하면 안 된다.

10. 목사의 주례와 증인 없이 가족만 참여하는 결혼식을 해도 괜찮은가?

결혼식을 검소하게 치르려는 이유나 지인들에게 부담을 주지 않으려고, 목사의 주례와 증인 없는 가족 중심의 결혼식을 선호하기도 한다. 신자의 결혼은 언약을 맺는 일이며, 교회의 일이므로 결혼식은 목사의 주례와 증인이 있어야 한다. 결혼식을 가족만의 행사로 생각하는 것은 바람직하지 않다. 특히 결혼식의 중요한 순서는 하나님과 사람 앞에서 행하는 서약이다. 이를 위해 목사의 주례와 증인(하객)은 반드시 필요하다.

11. 결혼을 비밀리에 할 수 있는가?

결혼식을 공개하기 힘든 사정이 있다 하더라도 신자의 결혼식은 공개적이어야 하고, 하나님과 증인 앞에서 이루어져야 한다. 주례자는 부모 혹은 후견자의 동의를 제대로 얻었는지 확인해야 하며, 충분한 증인들 앞에서 할 수 있도록 권고해야 한다. 이는 십계명 중 제5계명, '네 부모를 공경하라'는 계명을 염두에 둔 것이다. 왜 굳이 충분한 증인들 앞에서 예식을 행하는가? 이로써 결혼하는 당사자는 예식에 참여한 증인들의 권위를 인정하며 이들의 기도와 도움을 공적으로 요청하기 때문이다.

12. 결혼 서약은 어떤 방식으로 하는 것이 좋은가?

결혼 서약은 주례 목사가 하나님을 대신하여 결혼 당사자들에게 묻는 내용에 '예'라고 답하는 방식이 좋다. 마음에 더 와 닿을 것이라고 하면서 결혼 당사자가 자신의 입으로 서약 내용을 읽는 경우가 있는데, 그렇게 한다고 더 나은 것은 아니다.

서약은 당사자들만의 문제에 국한된 것이 아니라 주례자가 하나님을 대신하여 결혼 당사자들에게 묻는 내용이기에 '예'라고 말 한마디만 하는 것으로 생각해서는 안 된다. 결혼 서약은 하나님과 증인 앞에서 행하는 것이 핵심이다.

13. 결혼하기 전에 광고를 해야 하는가?

1) 결혼은 공적 성질을 가진 것이며, 국민과 사회의 복리와 가족상의 행복과 종교상의 명예에 깊은 관계가 있으므로 결혼식을 거행할 일을 최소한 4주 전에 작정하고 널리 예고해야 한다. 웨스트민스터 예배지침(1645년) 역시 여러 날 전에 교회 앞에 예고할 것을 말하고 있다.

2) 단, 불신 결혼이나 주일에 행하는 결혼식은 교회 앞에 광고할 수 없으며 주보에도 실을 수 없다.

14. 주일오후(혹은 저녁)예배에서 결혼식을 겸할 수 있는가?

결혼은 예배의 순서와 요소에 속하지 않으며, 또 세례와 성찬처럼 성례가 아니기 때문에 주일 예배에서 결혼식을 시행할 수 없다.

15. 결혼식의 장소가 반드시 예배당이어야 하는가?

경건과 충분한 시간 확보를 위해 예배당에서 결혼하는 것이 가장 좋으나, 다른 여러 이유로 일반 예식장에서 할 수도 있다.

16. 결혼식에서 성찬을 행할 수 있는가?

결혼은 신랑 신부가 하나되는 예식이기 때문에 성찬을 시행하는 이들도 있다. 그러나 결혼식에서 성찬을 시행할 수 없다. 결혼식이 예배의 형식을 취한다고 할지라도 주일의 공예배와 구별되어야 하기 때문이다. 또 성찬은 개인이나 가정의 식탁이 아니요 지역교회의 온 회중이 참여하는 공적 식사이므로 회중을 떠나서 이를 시행하는 것은 옳지 않다.

17. 결혼식에서 축가나 그 외 축하순서를 어디에 두는 것이 좋은가?

축하순서는 예배 후에 하는 것이 바람직하다. 예배와 축하순서를 구별하는 것이 좋다.

18. 결혼을 금할 경우가 있는가?

주례자는 깊이 유의하여 결혼이 하나님의 법을 범하거나 국가 법률에 저촉됨이 없도록 하며, 가정의 화평과 안위를 손상하지 않기 위하여 이 결혼에 반대되는 것이 없다는 쌍방의 증명을 확보하여야 한다.

1) 결혼은 한 남자 한 여자가 하는 것이므로 한 남자가 두 명 이상의 아내를 가지거나, 한 여자가 두 명 이상의 남편을 가지는 것은 불법이다.

2) 부인이나 남편이 사망한 사실이 확실하지 않은 경우 재혼할 수 없다.

3) 합법적인 이유로 이혼한 경우가 아니면 재혼할 수 없다.

19. 합법적인 이유로 이혼할 수 있는 경우는 어떤 것인가?

총회(고신)는 다음과 같이 개혁주의 신학 원리에서 기독교인의 이혼에 관한 결의를 하였다.

1) 음행한 연고 없이 이혼할 수 없다(마 19:3–9).

2) 불신자인 배우자가 신앙생활을 심각하게 방해하면서 이혼을 강요하여 하나님과 불신 배우자 중 택일하지 않으면 안 될 경우 이혼할 수 있다.

3) 배우자가 이단 사상에 빠져, 가족의 신앙생활을 가로막고 이혼을 요구할 때 이혼할 수 있다. 이단의 범위는 사도신경 고백 거부와 삼위일체 하나님을 부인하며, 교단 총회에서 이단으로 규정지은 집단에 한한다.

4) 배우자의 결혼 전의 부정을 이유로 이혼할 수 없다.

5) 불법으로 이혼한 사람 중 교회의 직분을 받아 봉사하는 자가 있다면 반드시 시벌하여야 한다.

타임 테이블 및 체크 리스트

내용	시기 (최소한)	체크
결혼약속		
부모동의		
청원서 제출	결혼식 2개월 전	
상견례	상황에 따라	
예식장 예약	상황에 따라	
사진촬영	상황에 따라	
교육	결혼식 2개월 전	
교회광고	결혼식 4주 전	
청첩	교회 광고 후	
결혼식		
혼인신고	결혼식 후 1개월 이내